打造
最有战斗力
班组

江广营
王伟中
——
著

升级版

北京联合出版公司
Beijing United Publishing Co.,Ltd.

图书在版编目（CIP）数据

打造最有战斗力班组：升级版 / 江广营，王伟中著 . --
北京：北京联合出版公司，2025.3. -- ISBN 978-7
-5596-8149-2

Ⅰ . F406.6

中国国家版本馆 CIP 数据核字第 2024W1P228 号

打造最有战斗力班组（升级版）

作　　者：江广营　王伟中
出 品 人：赵红仕
选题策划：北京时代光华图书有限公司
责任编辑：刘　洋
封面设计：济南新艺书文化

北京联合出版公司出版
（北京市西城区德外大街 83 号楼 9 层　　100088）
北京时代光华图书有限公司发行
文畅阁印刷有限公司印刷　　新华书店经销
字数 182 千字　　787 毫米 ×1092 毫米　　1/16　　15.75 印张
2025 年 3 月第 1 版　　2025 年 3 月第 1 次印刷
ISBN 978-7-5596-8149-2
定价：58.00 元

版权所有，侵权必究

未经书面许可，不得以任何方式转载、复制、翻印本书部分或全部内容
本书若有质量问题，请与本社图书销售中心联系调换。电话：010-82894445

再版序

《打造最有战斗力班组》和《七种模式成就卓越班组》首版于2014年，此后多次加印，以其理论的通俗性、案例的典型性、工具的实用性等特点受到了班组长们的热烈欢迎。纷至沓来的反馈证明，两书确实是"比较全面地适合中国企业的班组长学习、提高的有用读物"。作为图书的作者，我们深感欣慰，并为因两书而蜕变成长的班组长感到开心，同时，也向广大读者致以真挚的感谢。

自两书出版以来，经过十几年的发展，中国班组建设事业取得了卓越的成效。各级领导部门、各行业企业对班组的重视程度持续加强，班组建设工作理念不断升级迭代，实践持续走向深化，班组长胜任力和素养水平整体提升，持续涌现出一大批特色化班组实践典型，培育出一支支优秀的班组长队伍，形成了一系列具有创新性的班组管理工具。这些实践典型为班组建设起到了示范作用，这些优秀的班组长队伍为班组建设提供了引领标杆，这些创新性工具还可以在班组建设中不断升级。

但是，我们也清醒地看到，当前，企业管理者对班组的地位和作用认知不足、班组建设工作形式化、忽视班组长素养培养、以粗暴的考核代替激励、班组凝聚力不高、为"建设"而"建设"等老旧问题依然存在。同时，随着经济社会的发展，企业组织形态不断迭代，作为最基本单元的班组又出现了诸多新问题，如"95后""00后"员工怎么培养、全员积极性如何调动、安全建设如何推进、班组文化如何化育等等。而且，数字化的发展对企业各级组织的班组建设工作也提出了新要求。

进入新时代，以高质量发展推进中国式现代化是党中央做出的重大决策之一。发展高质量生产力、建设高质量基层组织是每家中国企业必须面对的重大课题。面对新形势，站在新起点，基层组织的作用愈加重要。基层组织是动员群众、联系群众、组织群众参与中国式现代化建设的基础保障，是服务群众、温暖群众、赋能群众的主要载体和重要抓手。

在作为中国特色社会主义重要物质基础和政治基础的国有企业以及作为推进中国式现代化重要力量的民营企业中，班组成了加强企业治理水平、夯实企业高质量发展根基、推动企业整体绩效最大化的基础平台。也就是说，在企业组织中，班组是促进业绩和管理同步提升的基础前沿阵地，是推进人和组织全面发展的基本赋能场域。在智能化、数字化、和谐化、信息化、共生化、生态化发展的新阶段，班组如何固化已取得的成效并迈向新的建设阶段，班组建设理念和方法如何转型升级，建设中国式现代化的要求如何落地到班组，已成为企业面临的首要问题。

希冀再版后的《打造最有战斗力班组》和《七种模式成就卓越班组》能够引导你的思考，启迪你的认知，促发你的行动。

本次再版修订遵循继承与发展、回应与升级的原则。一方面，在保持图书的结构框架和主旨内容不变的前提下，根据班组建设实践发展现状，改写了部分案例；另一方面，根据班组建设工作的时代要求和当前企业发展的实际需求，就某些理念、方法工具进行了有针对性的升级，以更契合班组长的日常工作所需。

本次再版修订由北京八九点管理咨询有限公司董事长江广营、企业文化与创意总监王伟中等负责完成。

真诚希望这两本书能够继续陪伴更多的班组长,在持续提升班组建设质量、不断夯实企业高质量发展之基的路上,我们同行!

序

通过我们十余年的企业管理、管理咨询和培训研究，通过与众多优秀的企业家、经理人、班组长的互动和交流，通过与许多管理咨询师、管理培训师的分享和探讨，以及我们为500多家中外企业提供的咨询与培训经历，我们八九点（八九点管理咨询有限公司简称）专家团队对于中国企业班组建设有了一个全新的认识，那就是在所有的企业里，班组是企业目标与决策实现的第一阵地！在卓越企业里，班组长是企业的第一管理者！

企业90%的基础管理工作靠谁去落实？90%的日常效率靠谁去提升？90%的小事发生在谁身边？是谁在8小时内始终盯着现场？是谁在8小时里掌控着作业安全、质量把关、设备使用、进度监督、规范规程的执行督导？又是谁第一个发现问题、解决问题、反馈问题、分享问题？谁又是员工职业精神的第一榜样、员工职场的第一个教练？谁又是职场氛围的第一个营造者和组织者？

显然，是组织细胞活力的创造者——班组长、科室经理、部门主管这些企业基层作业单元的管理者。

可以说，企业千条线，班组一针穿。

而当前中国企业管理的一大瓶颈就是基层管理者的胜任力

明显不足,基础管理体系不扎实。企业如果不能有效地解决这个问题,那么就始终摆脱不了厄运之轮(见图1)。无数企业大厦的倒塌就是因为基础不牢。

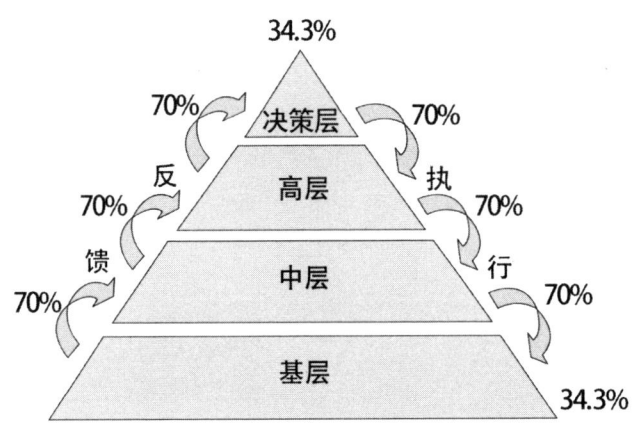

图1　企业厄运之轮

图1表明,企业的执行系统效率由上至下呈逐层递减之势,最终落实到基层,其执行效率只能实现34.3%;企业的反馈系统效率则由下至上逐层递减,该系统最终只能将34.3%的信息反馈到决策层。

所以,中国工业经济的崛起、企业组织的发展要靠伟大的员工队伍来创造,而伟大员工队伍的中坚力量就是我们千千万万的班组长!

是他们要为员工建设精神家园;

是他们要为员工建设乐业平台;

是他们要为员工建设成就舞台;

是他们要为员工建设成长摇篮。

总之,他们是企业员工的第一导师和教练!

根据我们对500家中外优秀企业的调研,非世界500强的中国企业与位列世界500强的企业相比,最大的差距就在于企业基层管理水平(见

图2）。企业从优秀走向卓越的第一步就是要建设一支卓越的基层管理者队伍。因为：

没有一支卓越的班组长队伍，就失去了企业战略落地的基础，企业战略的执行、推进就会大打折扣；

没有一支卓越的班组长队伍，就失去了企业文化落地的根基，企业文化的传承、传播就容易中断、流失；

总之，班组建设是企业发展的根本基础，班组长队伍建设是企业基业长青的源泉。

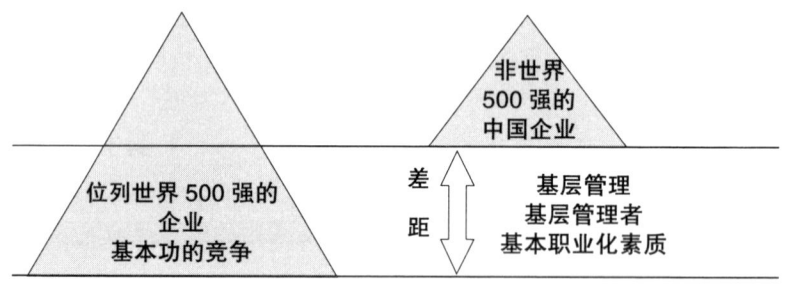

图2 非世界500强的中国企业与位列世界500强的企业的基层管理水平差距

为什么我们的企业经常出现文化与现实"两张皮"、战略打折扣、制度不见效、精细化执行不力等现象，其根本症结就在于企业的基础管理与基层建设的缺失。

我们经过多年的研究，整合了国际上最新的管理理念和中国最佳班组的管理实践，进行消化、创新，再经过班组培训、咨询的实践验证，归纳分析，撰写出了这两本图书——《打造最有战斗力班组》和《七种模式成就卓越班组》。

《打造最有战斗力班组》关注班组建设的七大核心内容、方法与工具，内容全面、翔实、具体；《七种模式成就卓越班组》关注基于行业特点和企业需求的特色型班组模式建设，是国内并不多见的关于特色型班组建设的书籍。总之，我们很高兴能为中国企业的班组长提供了一套能够比较全面地学习、提高的有用读物了。

今后，我们还将陆续出版班组系列图书，为提高我国企业班组的管理水平和班组长的管理能力尽我们的绵薄之力。

此外，我们还将与劳动和社会保障部门以及有关的行业协会联合开展班组长素质能力认证和班组建设模式认证活动。并且，在此基础上，根据企业的特定需要，为企业量身开发专项培训课题，提供班组建模培训和咨询，培养班组长教练队伍，构建完善的班组长培训体系。我们非常欢迎班组管理研究的专家、读者与我们一起来分享和交流。

有调查表明，中国企业和世界级卓越企业最大的差距源于对企业基层的管理。

一般企业看高层，优秀企业看中层，卓越企业看基层！基层是衡量一家企业管理模式与管理水准的关键！中国企业95%的问题来自基层，基层管理的疲软和薄弱已经成为很多企业发展的最大障碍。

基层管理工作的核心在于基层班组建设，基础不牢，地动山摇！班组作为企业战略与文化落地的基本载体，是企业发展存续的基础细胞，也是企业一切工作的出发点和落脚点。班组建设工作则是对企业细胞的建设和维护，以激发班组的活力和热情，使之健康、良性地高效运营，是企业应对变革的必然选择。

然而，现阶段企业班组建设工作却不尽如人意，存在不少问题。首先，表现为对班组建设的认知误区，即班组建设经常被两大阵营忽略：一个是企业家阵营，他们往往只强调高层决策力，而忽视对基层班组的建设与管理；另一个是管理学家阵营，他们往往对班组建设缺乏足够的热情和关注，偶有涉足本领域的理论，也因缺乏实操经验，形成对班组建设工作的误导。

其次，很多企业虽然对班组建设给予了足够的重视，却往往无从下手，不知如何来推进，甚至误把班组建设当成文娱活动来开展。这样的班组建设只能是隔靴搔痒，根本无法解决基层管理薄弱、细胞坏死的问题。

本书旨在纠正上述的错误认知与行为，并从实践的角度对班组建设工作进行系统表述和指导，使企业基层管理者能够深入理解企业科学发展观指引下的班组建设原理，切实掌握班组建设的实战工具和方法，同时能够应用于实际工作中。

本书分为七章，分别从班组建设最基本的七大方面进行指导，即组织建设、文化建设、人才建设、透明化管理系统建设、流程建设、制度建设以及机制建设。其中有大量来自企业第一手的生动案例和成功操作经验，相信能够为正在开展和推进班组建设工作的广大企业提供借鉴。

管理之道，重在实践。在本书的撰写过程中，难免会有不足和疏漏，请读者不吝指正，希望我们能与更多的优秀企业一起在不断实践中使之日臻完善。

目 录

01 第一章 班组组织建设
——构建卓越班组健康发展平台

第一节 卓越班组组织建设的成功模式 /003
一、传统金字塔式结构的三大弊端 /006
二、建立班组圆桌式组织结构 /007
三、班组圆桌式组织结构的四大特征 /009
四、班组圆桌式组织结构催生全员管理模式 /010

第二节 如何做好卓越班组组织建设 /014
一、以人为本进行班组组织建设 /014
二、卓越班组的基本组织结构 /017
三、卓越班组四大组织单元建设 /020

02 第二章 班组文化建设
——打造卓越班组的向心力

第一节 班组文化的力量 /037
一、企业文化扎根在班组 /038
二、班组文化的四大功效 /040
三、班组文化的三大组成 /044

第二节 如何推进班组文化建设 /046
一、班组文化建设的三大系统 /046
二、班组文化三大系统的开发和建设 /049

03 第三章 班组人才建设
——激活卓越班组的核心力量

第一节 基层员工开发在班组 /075
一、员工成长的摇篮在班组 /077
二、班组为员工发展提供支撑 /077

第二节 班组人才建设从转变管理模式开始 /079
一、塑造员工职业化——工场即道场，工作即修行 /079
二、修炼员工基本功——"八全管理模式" /080
三、开发员工领导力——轮值管理 /084
四、培养员工执行力——动态激励 /087

第三节 班组人才建设的具体操作和实践 /088

一、工作学习化，学习工作化 /089

二、管理即培训，培训即管理 /095

三、互动中学习，反馈中学习 /098

四、人人有特长，人人有绝活 /100

04 第四章 班组透明化管理系统建设
——搭建卓越班组的"三公"平台

第一节 为什么要建设班组透明化管理系统 /109

一、目视化管理在班组中运行不到位的原因 /111

二、透明化管理的三大功效 /112

第二节 透明化管理推进"三公"平台建设 /114

一、班组里的公开、公正、公平 /116

二、班组透明化管理系统建设的四大内容 /117

第三节 班组透明化管理系统建设的核心要素 /120

一、制度透明 /121

二、问题透明 /122

三、绩效透明 /124

四、工作透明 /126

五、现场透明 /127

六、管理透明 /129

第四节　班组透明化管理系统建设操作实务 /130

一、班组透明化管理工具建设 /135

二、班组透明化管理平台建设 /137

三、班组透明化管理系统运行的保障机制 /139

05　第五章　班组流程建设
——完善卓越班组的运行规范

第一节　流程建设是班组高效运作的保障 /149

一、流程是规范化、标准化的行为指导 /152

二、流程是全程控制、规避风险的工具 /153

第二节　当前班组流程建设中存在的问题 /155

一、流程建设纸上谈兵，与实际工作不匹配 /158

二、流程设计不合理，导致执行难度大 /158

三、制度和流程"两张皮"，缺乏互相保障 /160

四、流程缺乏有效衔接和过程控制 /160

五、重业务流程建设，轻管理流程建设 /161

第三节　班组流程建设方法和工具 /162

一、精细化流程建设的原则和方法 /163

二、精细化流程建设的工具 /167

三、精细化流程的评估工具 /170

06 第六章 班组制度建设
——健全卓越班组的体制框架

第一节 实效制度是班组正常运转的保障 /175
一、班组制度的四大功用 /176
二、建立班组实效制度的三个关键点 /178

第二节 制度建设存在的难点和误区 /181
一、有制度，无执行——形同虚设的制度 /182
二、有制度，无规范——朝令夕改的制度 /185
三、有制度，无实效——僵化陈腐的制度 /185
四、有制度，无人心——引发对抗的制度 /187

第三节 班组建设实效制度的方法 /189
一、制度公约化——用价值观管理取代强制性管理 /189
二、管理环境化——用自省式管理取代督察式管理 /193

07 第七章 班组机制建设
——开启卓越班组的动力之门

第一节 机制建设是班组建设的动力保障 /209
一、机制运用的原理与威力 /210
二、班组建设有必要引入管理机制吗 /211

第二节　班组建设中的八大管理机制 /214

　　一、活力机制 /215

　　二、轮值机制 /216

　　三、赛场机制 /217

　　四、链锁机制 /219

　　五、评议机制 /220

　　六、荣誉机制 /221

　　七、分享机制 /222

　　八、炼化机制 /223

第三节　管理机制在班组建设中的日常化运作 /225

　　一、班组轮值管理和岗位轮换制度 /226

　　二、每日工作汇报与绩效评价 /227

　　三、班组精神家园建设 /228

　　四、每日一对标 /229

　　五、案例讨论与定期分享 /230

　　六、班组目视化看板的建设和运用 /230

　　七、合理化建议的征集 /230

致谢　归功于人 /231

第一章

班组组织建设
——构建卓越班组健康发展平台

第一章 班组组织建设——构建卓越班组健康发展平台

企业是棵树，班组是枝干；企业千条线，班组一针穿。班组组织建设是班组建设的根基。班组组织结构的设置是否完备、合理，决定着班组管理职能是否健全、班组管理水平是否先进，进而影响到企业能否良性成长与发展。

第一节 卓越班组组织建设的成功模式

> 建设班组圆桌式组织结构，强化班组管理各项职能保障。

在很多企业，班组长经常会抱怨工作任务重、压力大，班组成员不配合、有抵触和对抗情绪。这是因为，传统的班组通常由班组长一人承担班组管理的全部职能，班组长能力素质的差异性又会导致很多管理职能无法真正实现。只有健全班组各级组织，建设基于不同管理职能的专项管理小组，才能实现班组管理职能的明晰和完善，使整个班组的工作有条不紊。

案例

D公司是一家处在快速成长期的工业制品企业。短短几年间，随着业务量的数倍增长，人员从几十人增加到了数百人。

该公司一直采用单一的集权管理模式，组织架构采用直线职能型，即以总经理为最高责任人，下设行政、人事、技术、生产、销售、财务等各职能科室。一线下设机加工和成品两个生产车间。

以前，该公司业务简单，产品单一，加之人员少，管理上几乎没出现过什么大问题。而现在，该公司日益发展壮大，问题接二连三发生，管理异常混乱。生产一线的工作部署和销售部门的订单需求经常发生冲突。而且，一线的突发问题也经常得不到妥善解决，导致公司生产效能低下，大量订单交货延迟。员工不得不经常加班加点，士气低落。

这种情况严重制约了D公司的发展。于是，管理层决定重金聘请国内知名的咨询公司来帮忙解决。

专家在调研中发现，导致D公司问题频发的最大因素是现行的组织架构，以及该架构下过度刚性的管理模式。

在专家的指导下，该公司以市场订单的快速响应为核心，果断调整组织结构，取消原来的生产车间设置，设立多个按任务划分的一线班组，班组长直接对生产部长负责。

同时，班组内部依照人员的特长设立多个管理小组，对于工作中常规的问题和事件，将原来的层层上报、被动等待，变为各小组各尽其责，主动抽调相关人员自行解决。

管理模式上，给予一线班组相应的自主权。在人员培训、设备维护上，则加大投入，鼓励班组自行开展各种培训、竞赛活动，激发一线员工的活力。

几个月后，该公司的生产效能大大提升，加班抢任务的现象明显减少，各班组相对原来杂乱的大车间有了很大的改善，人员也明显焕发了活力。

上文中D公司暴露出的问题，在中国的中小企业中比比皆是。企业组织结构的严重僵化和组织建设的落后，使得中小企业的发展遭遇重重阻碍。特别是企业基层的组织建设，在中国大多数企业里不被重视，甚至缺失，由此引发了大量问题：

战略和组织脱节，企业战略在基层组织体现并执行到位难度大；

管理层级多，信息传达慢，导致基层对市场信息反应滞后；

基层工作忙乱无序，问题频发；

基层部门权责不清，工作中扯皮、推诿、等待现象频发；

企业对基层管理过死，使其缺乏自主性；

人员士气低落，缺乏积极性，工作效能低下；

…………

企业基层暴露出来的一个个问题，如河堤上的重重蚁穴，成为企业发展中的隐患。基层班组管理看似简单，却涵盖了管理的全部职能：计划、组织、指挥、协调和控制。每一项职能都体现在班组的具体工作中，包括任务管理、工作管理、现场管理、质量管理、安全管理、人员管理和绩效管理等。

管理上的任何疏漏都有可能造成服务缺失、订单延误或质量隐患，反馈到市场上，就有可能造成企业经济损失。而企业的基层组织建设就是要以基层班组为核心，确立适合企业发展的班组组织结构和权责体系，再进行人员配置，以形成高效、有序、责权明晰的组织单元。

在班组内部依据班组的工作分配可以组建不同的组织，依据班组管理职能的不同侧重也可以组建不同的专项管理组织。班组内部的小团队可以称为组织，班组内的小组也可以称为组织，如研发团队、学习小组等。只要拥有共同的目标，建立了共同的制度公约，成员之间形成合理权责分配的群体，就可以称为组织。

组织建设是企业应对变革的必然要求，在市场经济的新形势下，传统的企业组织结构应该向适应时代要求的新型管理模式转变。

一、传统金字塔式结构的三大弊端

传统的企业组织结构多为金字塔式，强调从上到下的直线管理，信息多纵向传达，少横向传递。体现在班组工作中，就是一味服从式、统治式地执行任务，缺少班组的自主性管理和运营，班组长只负责上情下达和发号施令。这种组织结构及其管理模式很长时间内在中国企业，特别是广大制造企业中，占统治地位。

在企业发展初期，规模较小，人员较少，实物管理中产生的信息量少，对于信息传递的过程没有过高要求，企业对人的创新性要求也较低。为确保企业发展初期执行力强、行动统一化和团体化，这种结构尚能适用。但是，随着企业的发展壮大，信息放量倍增，班组内外部的横向沟通日益增多，企业为了适应快速变化的外部环境，应对日益激烈的竞争，需要班组能够发挥更大的能动性和创造性。在这种情况下，原有的金字塔式组织结构显露出越来越多的弊端。

金字塔式组织结构的弊端主要有如下几点。

第一，管理结构上的多层级，不但影响了信息的传递速度，还加重了信息的衰减程度。表现在企业实际工作中，就是生产一线对于市场需求信息反应迟缓，无法快速应对和及时提供支持。有的企业曾经因为一个项目的层层审批，错过了最佳的市场机遇。班组申请设备保养也因为各级层层报批的环节而延迟，导致该设备无法应用，影响了生产效率。

第二，严格的管理层级，严重制约着员工的积极性和创造性，导致士气低落，员工缺乏工作热情和干劲。被动执行还容易滋生行为惰性和思维惰性。一线班组在被动执行的过程中，往往不必为执行结果负责。在这种模式下，员工面对问题时往往会态度淡漠，很难主动去解决问题。发号施令的班组长常常是班组里最累的那个人，因为他难以带出一个积极主动、协同作战的团队。

第三，单一组织结构下的班组，缺乏顺畅的内部协作和外部沟通，班组内没有形成和谐、融洽的氛围，班组成员之间缺乏互动、互助，大多只是基于本岗位"单打独斗"。长此以往，一线员工的胜任力少有提升，很难适应企业快速发展的需要。

二、建立班组圆桌式组织结构

新形势下，企业要发展壮大，必须调整组织结构。就企业基层班组而言，原有的以班组长为核心、被动管理的班组组织形态已不能适应企业的发展要求，原有的因被动执行、自上而下的刚性管理而造成的对人潜能的压制、效能低下的现状，必然被消除管理层级、倡导以人为本的自主管理的圆桌式组织结构和管理运作取代！

亚瑟王是传说中不列颠富于传奇色彩的一位国王。据说，他带领勇猛善战的圆桌骑士赶走了侵略者，成为后世敬仰的英雄。亚瑟王的影响力从何而来？圆桌骑士的战斗力又从何而来？皆因一张圆桌的威力。

据说，亚瑟王拥有一张可同时供百人就座的巨型圆桌，人们坐在圆桌边没有主次之分。亚瑟王经常和他的骑士们围坐桌旁，这张圆桌使得他不必高高在上发号施令，所有的人都团结一心。

圆桌，拉近了亚瑟王和下属的距离，增进了下属之间的协作，提供了直接的沟通平台，也让亚瑟王赢得了忠诚。这就是圆桌的魅力。

"亚瑟王的圆桌"给了我们协作、沟通和组织结构方面的诸多启示。削弱管理的层级界限，发动每个人参与管理，给予每个人发言权；面对面沟通，减少信息的衰减和遗漏。这种新型组织所产生的力量成就了亚瑟王的伟业。

圆桌式会议、圆桌式教学等，其核心都是消除人与人之间的层级之分，给予人充分的尊重。"圆桌"已经成为现代组织人本管理的体现。"圆桌"提供给班组组织建设可供借鉴的方法就是在班组内部消除管理层级，建立一种人人管理、人人平等的组织形态；强调基于岗位职责的全员参与和全员管理,通过强化班组内部的协作和沟通,激发每一个人的活力和创造力。

三、班组圆桌式组织结构的四大特征

班组圆桌式组织结构下的班组管理具有如下特征。

1."人人有责"取代班组长"一人负责"

现代班组要成为企业生机和活力的源泉,人是核心的主导因素。如何最大限度地激发人的聪明才智?首先要充分尊重人、信任人、激活人和发掘人。

圆桌式组织结构及其管理模式,改变了原有班组长与班组成员之间的上下级角色,赋予每名员工参与班组管理的权力,班组长不再是指令的下达者和监督者,不再事无巨细,而是充分地授权给班组成员,由班组内的各管理小组民主决策、指导并落实。

班组长的角色转变为辅导者、教练、顾问、支持者和推动者,班组成员被赋予更多的权力、更大的灵活性和更广阔的行为空间,人人都是班组的管理者,人人都承担班组管理的义务和责任。

2."沟通"取代"命令"

在圆桌式组织结构下,由原来班组长一人发号施令,转为班组之间横向沟通。各管理小组被赋予管理责权之后,由原来等待命令被动执行,变为结合上级指示和企业信息主动完成。

3."协作"取代"单打独斗"

在班组圆桌式组织结构下，员工之间的横向沟通和协作也大大增强。班组接受上级指令一味单打独斗的局面被打破，各组织单元之间的联系呈网络化，大家互相支持、互为补充。

4."自动自发"取代"强制执行"

班组圆桌式组织结构强调自主管理，各组织单元即一个小团队。在团队内，强调自主的工作环境和氛围，倡导以"自我承诺"来实现团队设定的目标。原来班组工作中需要依赖刚性考核才能执行的工作，被员工的主动担责和自动自发取代。

四、班组圆桌式组织结构催生全员管理模式

班组圆桌式组织结构所催生的就是"人人都管事，事事有人管"的全员管理模式。这是当前班组管理中最为高效的管理模式。

现代班组要赋予每个人责任，最简单的做法就是在班组内部实行全员管理——把被管理者变成管理者，把普通员工变成班组管理的责任人。

班组管理，仅仅依靠班组长的力量，势如薄冰。管理过于刚性，易引发群体抵触；管理过严过紧，则会扼杀创造力。同时，班组长也会陷入一人受累、事倍功半的境地。要解放班组长，实现班组高绩效，必须发动全员，共同发挥智慧和力量，权力共享，责任共担。

"人人都管事，事事有人管"落实在班组中的做法就是：千斤重

担人人挑,人人身上有指标,人人创造新功勋。

1. 千斤重担人人挑

班组管理涉及现场管理、质量管理、设备管理、安全管理、纪律管理、人员管理等,工作纷乱复杂,又承担着来自上层的种种压力,如图1-1所示。

图1-1　重压下的班组长

圆桌式班组(如图1-2所示)正好实现了班组任务的分压。班组内的各组织单元,如安全管理单元、基础管理单元、任务管理单元、文明管理单元等,承担着不同的工作任务和管理职能。班组长将与自身管理职能相关的各工作模块,分解到各工作小组,如安全管理小组、设备管理小组、纪律管理小组等。这样一来,权力重心充分下移,并最终落到了每名员工身上,班组管理工作实现了"千斤重担人人共挑"。

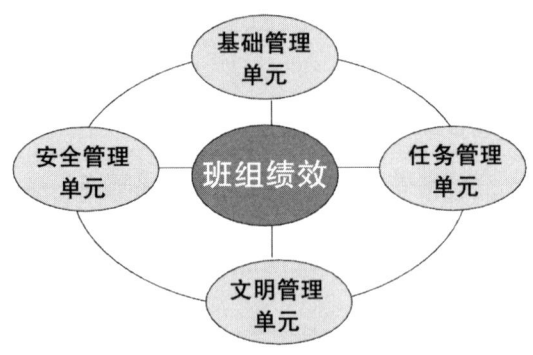

图 1-2　圆桌式班组

2. 人人身上有指标

圆桌式班组将班组内每名员工都纳入各组织单元，以管理小组的形式承担相应的管理职能和责任。

在管理小组内部，又根据每名员工的能力和特长，赋予其相应的责任和义务。每名员工既有机会充分发挥特长、展现价值，又承担着具体的任务指标。

比如，班组学习管理小组承担着班组内部日常学习与培训的职责，该小组的每个人都有具体的任务，小王负责技术类培训的组织实施、小李负责政治学习的贯彻执行等。

人人身上有指标，凸显了全员管理、人人有责的原则。

3. 人人创造新功勋

圆桌式班组赋予班组成员更大的权力和自主空间，班组成员参与管理和决策的程度越来越深，这大大激发了员工的工作热情和创造力。

在工作中，员工不再是被动地执行指令，而是主动地创造，遇到问题主动寻求解决。在这样的组织结构和管理模式下，人的潜能被极大地激发，各种创新层出不穷。

综上所述，开展班组组织建设是从根本上转换班组原有的刚性僵化管理模式，是现代班组管理职能进一步完善的结构性保障。班组要焕发勃勃生机，就必须在调整组织结构的基础上转换思想，立足发展，通过真正调动人的热忱、发掘人的潜能来实现企业的转型和跨越。班组圆桌式组织结构和由此而催生的"人人都管事，事事有人管"的全员管理模式，正是当前班组建设中基于管理创新和企业发展的实践成果。随着我国企业发展转型过程中对基层班组的日益重视，这些成果还将在企业实践中获得长足的发展和完善。

第二节　如何做好卓越班组组织建设

> 完善班组基本管理单元，真正实现"人人都管事，事事有人管"。

优秀企业实现跨越、走向卓越的保障之一就是拥有卓越、有活力的基层。大力开展基层组织建设，已经成为卓越企业的共识。

基层班组内部如何有效地开展班组组织建设？卓越的班组内部有哪些关键性的组织设置？我们在服务国内多家卓越企业、长期开展基层班组建设的实践中得出了如下结论和方法。

一、以人为本进行班组组织建设

班组组织建设的指导思想是以人为本、全员管理。

以人为本不是单纯地关心员工生活，提高员工素质，而是从管理理念、管理制度、管理技术、管理态度到管理效益上的全面转变，它涉及管理者和全体员工心理、行为的彻底改变、观念更新与理念提升。

在以人为本管理思想的指引下，班组长不再把班组成员当作管理对象，而将其视为战友和同盟军。班组长对员工的态度发生了根本性改变，真正从心底尊重他们，相信每位班组成员都能把工作做好。

班组长提供的管理环境的优劣，以及是否对员工进行充分了解与恰当任用，影响着员工能否达成目标。为此，班组长必须致力于班组管理环境的优化、管理平台的拓展、员工思想的沟通、员工潜能的开发，以及员工自我价值的实现等。而这一切，最好的体现即赋予员工责任，给予员工权力和空间，让员工参与管理、发挥所长，继而赢得尊重、获得认同。

班组组织建设正是给员工创造了这样一种管理环境，搭建了一个实现的平台——基于每名员工的特长和价值实现需求，结合班组工作的各个职能，重新搭建组织结构，创建管理团队，吸纳每名员工参与管理，从而实现员工个人发展和班组管理良好运转的双赢。

案例

某集团下属的东A电厂（以下简称"东A"）为深化发展，追求卓越，创建活力、和谐、品牌东A，在全厂内大力推进"班组建设与321管理模式创建"活动。

此项活动从企业管理以人为本的时代需求出发，从打造企业长效竞争力的发展需求出发，提出321管理工程，并以此为班组建设的主要载体，全面提升基础管理能力，健全企业基础管理体系，同时优化基础管理组织建设，达到全面夯实企业基础管理的目的。

为了配合本次班组建设活动，保障班组建设活动的有效推进，东A聘请了在班组建设方面有丰富经验的管理专家一起成立推进小组，面向全厂各个班组发出班组建设指导手册，创建321管理模式下的东A卓越班组。

基层班组的321管理模式即"三全、二基、一细化"。"三全"即强调在班组建设中充分发动全员，实现全员参与、全方位管理、全过程控制；"二基"即强调在班组建设中充分强化基础管理体系建设和基层人员的胜任力建设；"一细化"即强调班组建设是以实现班组精细化管理、创造班组高绩效为最终目标的。

该厂在班组建设工作上一直有不错的成绩，星级班组的评选也深入人心，渗透到班组日常的工作和管理行为中。321管理模式下的班组建设是在此前班组建设的基础上对原有成果的一次很大提升。活动一经发起，在东A各班组引起了强烈反响。很多星级班组评选中的优秀班组，率先在班组内部组织全员学习《班组建设与321管理模式创建指导手册》，纷纷结合本班组的现状提出了下一步的班组建设目标，并在321管理模式的创建方面，做了很多实践补充和完善。

321管理模式下的班组建设活动的主体之一就是班组组织建设，主张突破传统组织结构的设置，在班组内部组建以工作任务和管理职能划分的组织单元（管理小组），来承担和分解原来由班组长一人承担的任务和职能。

321管理模式中提出的全过程管理，即要求在班组日常工作的每一个环节，设置专人专项管理，如某班组就本班组的工作特性设置了安健环管理、活动管理、设备管理、原材料管理、生产计划管理、学习培训管理、劳动纪律管理等专项组织单元，成立相应的管理小组，并设专人负责。这种组织单元的设置，真正做到了管理上的横到边、竖到底、管理无死角，实现了"人人都管事，事事有人管"。

班组建设与321管理模式创建活动在东A取得了很好的成效，涌现出了很多卓越班组，既激发了全员的工作热情和活力，又大大提升了班组的工作绩效。

二、卓越班组的基本组织结构

一个高效的团队必然是一个团结的团队，一个团结的团队必是一个相互尊重、平等、真诚沟通的团队。卓越班组就是如此。

1. 圆桌式组织结构的基本框架

卓越班组组织建设的基本框架即圆桌式组织结构（如图1-3所示）。

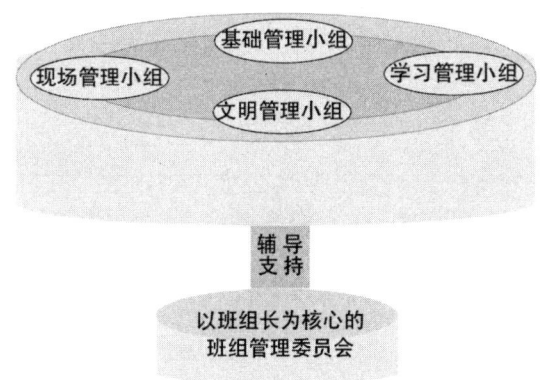

图1-3 圆桌式组织结构图

在内部，班组依据班组任务和工作划分，设立各专项管理小组，如基础管理小组、现场管理小组、学习管理小组、文明管理小组等。以班组长为核心的班组管理委员会，为各专项管理小组提供资源支持、管理协调和顾问辅导。

各专项管理小组依据班组工作特性而设，结合班组成员能力特长和意向，鼓励全体班组成员自主参与专项管理，小组一般由2~4名班组成员组成。每个管理小组对应相应的管理职能，负责具体的工作安排和执行。

这种组织结构，完全消除了管理上的层级之分，班组长不再是班组的唯一责任人，而转变为各管理小组的统筹者、协调者和支持者。

很多企业对传统班组长一人管理的组织设置进行了创新，即设立班组管理委员会和安全员、培训员、宣传员、仓管员、考勤员等五大员（如图1-4所示）。这种改善吸纳了一部分人参与班组管理，但没有实现全员管理，班组内依然存在管理上的层级和对抗，需要向圆桌式结构调整。

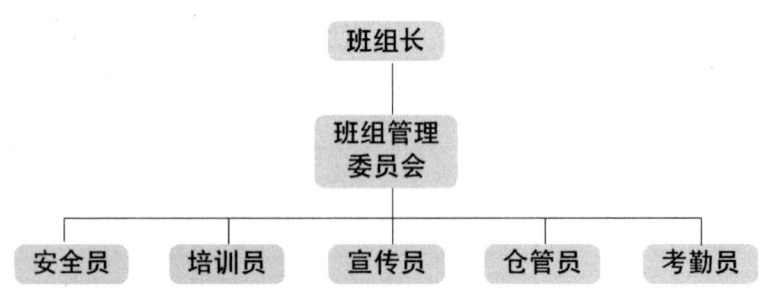

图1-4　班组管理委员会及五大员设置

2. 圆桌式组织成员的职责

在圆桌式组织结构下，各组织单元及人员的职责设置如下。

（1）班组长的职责

负责组织带领班组成员落实公司各项工作和任务，搞好班组生产、管理工作，确保各项任务和生产经营技术指标的达成。

负责日常生产的组织协调及日常管理活动的推进，确保班组安全、文明、有序地生产和运行。

负责抓好班组经济核算，推行现代化管理，组织开展技术革新、收集合理化建议、劳动竞赛等活动，降低生产成本，提高经济效益。

负责对班组内部各管理小组提供统筹和协作，给予政策指导、资源支持、实践辅导，确保班组成员能够参与班组管理、贡献所长。

（2）班组管理委员会的职责

协助班组长，进行班组的日常运营管理和统筹。

根据班组的工作安排，组织班组成员制订班组的实施计划和管理制度，并指导贯彻落实。

引导全体班组成员养成良好的职业习惯，关心班组的各项改革，及时向班组提出建设性的意见和建议。

配合班组长做好全体班组成员的各项评先树优工作，带领全体班组成员争创先进集体。

关心班组成员的学习和生活，代表班组成员的利益，了解班组成员的思想状况，增进班组成员团结，及时协调和解决班组中出现的问题。

（3）各管理小组的职责

着眼于班组日常运行及管理中的核心工作，结合班组工作计划和目标，重点保障该项工作的落实和推进。

明晰管理和推进工作的任务及目标，明确小组每名成员的角色分配，做好专项工作推进的目标、计划、实施和控制。

三、卓越班组四大组织单元建设

班组中，各专项管理小组的设置，需结合不同企业不同班组的工作特征。要做好班组组织建设，离不开各管理小组的建设。通常来说，班组组织建设主要包括以下内容[①]。

1. 基础管理小组建设

（1）基础管理小组的职能范围

班组基础管理主要包括班组工作目标和计划的制订、岗位责任制的界定和督导、绩效的考核和评定、班组日常的例会管理、班组技术文档和文件记录的留存控制、物品备件的管理、班组荣誉的申报和各项活动的参与、考勤和纪律等。

基础管理小组能够分解班组长的管理压力，在活跃班组气氛、改善班组管理环境方面起到很大作用。

（2）基础管理小组的设置价值

为班组正常运行提供基本保障。

基于日常化运作，提供优化和改善措施。

关注每名员工的日常表现和所需，并做出快速的反馈。

---

① 此处提及的管理小组为日常工作中常规设置的管理小组。

（3）基础管理小组的主要职责

管理和指导班组的日常化运行，对班组的人员、设备、士气、纪律、考核进行全面管理。

组织班组工作，制订和完善计划，并在班组内部进行公示分享，使每名成员对工作目标都能够了然于心。

组织班组内部开展及时性和周期性的工作总结，分析问题，分享经验。

结合班组工作要求和班组成员的能力结构，合理设置岗位及岗位职责，持续优化和完善岗位责任制，关注班组成员的能力发展，引导班组成员立足岗位、贡献所长。

进行班组日常纪律管理和出勤情况的统计，关注班组成员的生活动态和思想动态。

对班组常用设备、仪器进行管理和维护。

进行班组技术文档的保密、归并和留存。

进行班组日常记录文件的填写、统计和保管。

发布班组日常提示和公告。

进行班组荣誉的建设和申报管理。

负责班组基础管理工作推进中的文件、文档留存。

（4）基础管理小组的人员配置

班组基础管理小组一般由 2~3 人组成，设组长 1 名。人员的选择要依照员工的特长和岗位设置，并结合员工的自我发展意愿。小组内部采用团队协作和个人专项负责相结合的形式，开展班组基础管理工作。

（5）基础管理小组的典型角色

基础管理小组的典型角色包括组织委员、文档管理员、纪律委员、"班组管家"等。

东 A 电厂的基础管理比较完善，各班组也纷纷组建了基础管理工作推进小组，在班组管理的规范化和集成化上，取得了很好的成效。

图 1-5 为东 A 电厂某班组基础管理推进工作中形成的井然有序的文件体系。

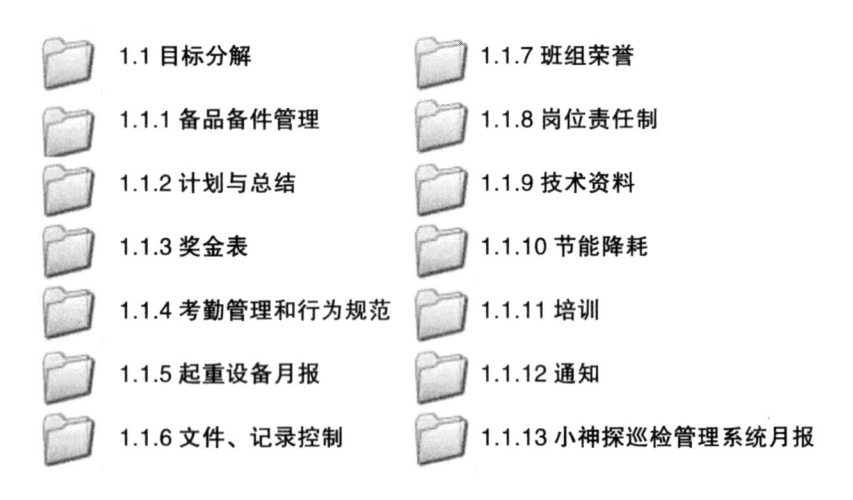

- 1.1 目标分解
- 1.1.1 备品备件管理
- 1.1.2 计划与总结
- 1.1.3 奖金表
- 1.1.4 考勤管理和行为规范
- 1.1.5 起重设备月报
- 1.1.6 文件、记录控制
- 1.1.7 班组荣誉
- 1.1.8 岗位责任制
- 1.1.9 技术资料
- 1.1.10 节能降耗
- 1.1.11 培训
- 1.1.12 通知
- 1.1.13 小神探巡检管理系统月报

图 1-5　班组基础管理文件体系

2. 现场管理小组建设

（1）现场管理小组的职能范围

班组现场管理即对工作现场的全过程管理，主要包括生产管理、安全管理、设备管理、工作质量管理、物料管理、人员管理、问题管理、现场环境管理等。现场管理是班组管理的核心，特别是制造业的现场，现场管理的有效性决定着班组管理水平和班组绩效产出。

（2）现场管理小组的设置价值

卓越的班组必定有一流的现场，现场管理是班组管理的重中之重。

现场管理小组的设置使得每一个环节都有人专项负责，一流的现场是全员、全过程、全方位管理思想的最好体现。

（3）现场管理小组的主要职责

关注班组现场工作的全过程，确保工作现场安全、顺畅、高效。

对班组生产的每一个环节进行管控，确保班组生产活动按目标、有计划地组织和完成。

对工作现场人员进行有效配置和协调，确保人员高效工作、绩效最大化。

对班组生产中的安全问题进行监督和防范，提示风险，消除隐患，日常推行安全防范措施，实施安全教育。

对工作现场设备进行检测和维护，确定每台设备的责任人，明确提示设备的正确使用方法和保养措施，对设备进行定期检测，确保设备正常高效地运转。

对工作质量进行监督和把控，对有可能引发质量问题的关键环节和关键点进行指导。

对工作现场的物料进行管理，确保物料无浪费、无残留、无遗置。

对工作环境进行管理，主持推进班组 6S 现场管理[①]，确保物品定置、定位，高效传递。

应对和处理班组突发问题，建立班组问题防范机制。一旦有突发

---

① 6S 管理即整理（seiri）、整顿（seiton）、清扫（seiso）、清洁（seiketsu）、素养（shitsuke）、安全（security）。

问题，迅速提出应对预案和解决措施。解决不了的，要立即上报。

（4）现场管理小组的人员配置

现场管理小组一般由2～4人组成，组长通常由班组长兼任，负责对整个现场管理的全方位把控。其他人员，需结合员工能力特长和岗位设置，由在安全防范、设备管理、质量管理等方面有丰富经验的员工来担任。

对于现场突发问题，现场管理小组可以在进行内部协商之后，组成问题处理及应对团队，由该团队负责快速处理和疏导。

（5）现场管理小组的典型角色

现场管理小组的典型角色包括质量员、安全员、设备员、材料员等。

3. 学习管理小组建设

（1）学习管理小组的职能范围

企业发展要求现代班组是持续学习、持续改善的学习型班组。班组学习管理主要包括推进和落实现代班组的学习型组织建设、完善学习型组织运行的环境和机制、制订和统筹班组的学习计划和实施方法、组织开展员工知识和技能的培训、策划组织班组日常学习活动、建立班组学习互助平台等。

（2）学习管理小组的设置价值

建立现代班组"以实践为师，以问题为师"的团队系统能力修炼模式。

专注于班组成员岗位胜任力建设以及数字经济下企业的长效发展。

(3) 学习管理小组的主要职责

结合企业持续发展的要求，建立班组的年度学习目标，并分解到季度和月份之中，形成可落实的学习计划。

统一班组成员认识，强化班组成员意识，建立班组学习园地、学习公约和学习制度。

组织班组成员定期开展团队学习和主题培训活动。

培养和建立班组内部的"教练模式"[①]，成立"一帮一、一帮多"的互助学习小组，确立互助学习小组的学习课题、学习目标，并为其提供指导和支持。

组织班组的岗位技能学习和竞赛活动。

在班组内部建立日常学习和分享的模式，如开展早晚会的"每日一题""每日一例"活动，让班组每名成员都能够以实践为师、以工友为师。

在班组内部搭建学习平台，分享和传播学习成果，营造浓厚的班组学习氛围。

针对班组成员的特性，协助其建立个人学习通道，并提供相关支持和辅导。

建立班组内部培训师制度，挖掘和培养每名班组成员的能力、特长，引导和鼓励他们进行分享与传播。

(4) 学习管理小组的人员配置

班组学习管理小组一般由1~3人组成。该小组通常会选拔班组内的技能高手为内部培训师，定期开展和主持岗位技能培训；也可采

---

① 教练模式是一种管理技术，即运用一套特定的方法来激励员工，让员工发挥创意并找出解决问题的方法。

用轮值的形式，由特长班组成员或者专项课题攻关成员轮流在班组内部组织团体学习活动。

（5）学习管理小组的典型角色

学习管理小组的典型角色包括培训员和学习委员。

案例

某企业内部大力开展学习型班组建设，A班组响应号召，在班组内部开展培训师选拔活动。刚开始，班组成员多以工作忙为由，几乎无人支持和报名。

后来，该班组成立了班组学习活动专项推进小组，每周定期开展集体学习活动，学习内容则主要来自班组工作中出现的问题案例。

该班组将日常工作中常发、易发的问题制作成案例。在对案例的学习中，大家各抒己见，踊跃分析。活动结束后，小组成员将学习活动制成简报，将案例问题的分析结果制成问题卡片发放给每名班组成员。几个月之后，班组工作中出现的问题减少了一半，很多班组成员也感到案例分析学习活动强化了自己解决问题的能力，使自己的学习兴趣日益浓厚。

接下来，该班组的学习活动专项推进小组又邀请经验丰富、技术能力全面的老师傅在学习会上分享自己的经验，由班组学习活动专项推进小组的成员及时将老师傅分享的内容制成培训和学习材料，发放给成员。

这些措施极大地激发了很多年轻班组成员的学习热情。

结合年轻人追求上进、喜欢钻研的特点，学习活动专项推进小组又组织年轻人成立专题学习和研发小组，针对工作中的难点、疑点进行定向研发，并聘请老师傅担当他们的顾问和指导。

几个月下来，该班组的学习活动开展得有声有色，他们不仅建立了学习园地，还定期对班组学习动态和成果进行发布，这使得班组内学习氛围浓厚，成员学习热情高涨。

4. 文化管理小组建设

（1）文化管理小组的职能范围

班组文化管理主要包括促进和完善班组文化和精神文明建设，负责班组文化建设活动的展开和推进，营造班组文化氛围，塑造团结和谐、高士气和高凝聚力的班组。

（2）文化管理小组的设置价值

文化管理小组是打造班组凝聚力和向心力的生力军。

它以文化为武器，塑造班组的核心竞争力。

关注班组管理环境建设和班组成员的职业化行为塑造，为班组顺利开展各种管理活动提供保障，为班组成员的职业化发展提供环境和氛围支持。

（3）文化管理小组的主要职责

围绕企业文化和精神文明建设的目标，主持、领导班组文化和精神文明建设，使班组成为企业文化建设的重要阵地。

组织班组成员参与班组文化建设和精神文明活动，集思广益，展现班组成员的智慧和才能。

组织班组成员搜集整理、提炼班组的文化元素。在与企业文化相统一的前提下，鼓励班组成员创建本班组个性化的文化系统，包括文化理念、文化标志等，并组织开展文化在班组内部的持续培育活动，使班组文化深入人心，实现"内化于心，外化于行"的目标。

组织班组成员建立文化园地、文化墙等文化表现体系，并对文化园地和文化墙进行定期更新。

牵头挖掘和整理班组文化案例，对班组文化建设的成果进行收集和汇总，并以此为基础形成个性化的班组文化手册、班组文化案例集。

策划和组织班组日常的文娱活动，对活动的开展提供指导和支持。

在班组内外开展文化传播和宣传活动，塑造本班组的文化形象和文化品牌。

（4）文化管理小组的人员配置

文化管理小组一般由擅长沟通、宣传和演讲的班组成员组成，设组长1名。组长主抓班组思想政治工作，并对班组成员士气进行激发和调节。

其他成员的设置，分别侧重于班组文化园地建设和班组日常文化活动的开展。文化管理小组的成员须善于沟通、交流，善于发现班组成员身上的亮点，并将其整理挖掘成文化案例，进行宣传和嘉奖。

（5）文化管理小组的典型角色

文化管理小组的典型角色包括宣传员和文化员。

案例

某知名企业非常注重基层的文化建设，专门成立了文化小组。该小组不仅收集整理员工工作中的故事，通过讲故事的形式建设组织文化，还将公司的文化理念和故事印成册子，送给每位到访的客人，包括应聘人员。

在组织内部，文化小组的成员还会将员工的感人故事贴在公告栏里、绘制在墙上，或者将由员工扮演、生动再现的感人场景制成视频，组织全体员工分享感受、互相学习。

班组长参考以上提到的班组组织结构的指导思想和构建方法，结合本班组的实际情况，灵活运用，相信你的班组建设工作会有一个好的起点。

业界实例

"蓝色旅途"的活力绽放

立足于自身工作实际，某航空股份有限公司西南分公司（以下简称"西南分公司"）开展了"为民服务创先争优"活动。

自活动开展以来，西南分公司各部门按照分公司党委"保安全、促服务、有作为、聚合力"的主旨要求，积极展开各项学习与活动。其中，客舱服务部借"蓝色旅途"乘务组的品牌效应，结合服务品质的提升，对乘务组进行升级，力求打造一支业务精湛、充满活力、热心公益的全新班组。

提及"蓝色旅途"乘务组，这里还有一段感人的故事。多年前，一位由外地返蓉的旅客登机时不慎将打工所得的多年积蓄丢失。执行该航班的乘务组得知后立即踊跃捐款，并向全机乘客发出了捐款倡议。后来，钱被好心的旅客拾到后归还。深受感动的失主当即将原来飞机上的捐款转交希望工程。某知名电视台还根据此事拍摄了相关的电视剧，再现了这段空姐与打工者的爱心接力，感动了亿万观众。

为了全力打造"蓝色旅途"乘务组，西南分公司党委和客舱服务部从上到下高度重视，精心筹备，成立了以客舱服务部领导为组长的领导小组，制订了升级方案，细化了诸如人员选拔、培训、考核在内的多项制度。作为青年文明号创建单位，重新设计了"蓝色旅途"乘务组的标识，并对"蓝色旅途"的精神赋予新的含义——"爱心、活力、超越"。

"蓝色旅途"乘务组秉承爱心、活力、超越的精神，在原有班组管理模式的基础上做了很大的创新，成功创建了自主管理型的班组管理模式（图1-6即展示了优化后的班组组织结构），改变了传统的班组长一人管理制，设置了班组管理委员会和管理小组，让班组的每名成员参与班组管理，承担起具体的管理职责，且内容涵盖了班组工作和管理的每一方面，这样就有效缓解了班组长的管理压力。同时，授权给班组成员，充分调动了班组成员的积极性，激发了班组成员的工作热情。

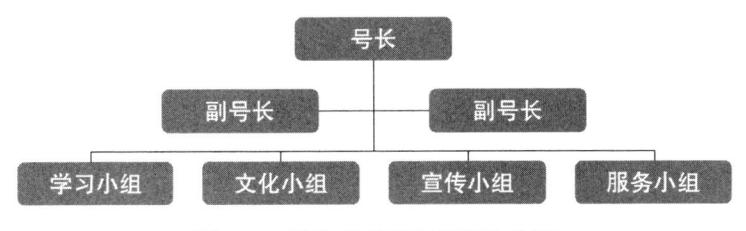

第一章 班组组织建设——构建卓越班组健康发展平台

图 1-6 优化后的班组组织结构图

新模式的班组推行管理轮值制度，结合班组文化建设的需求，推选出几大委员进行轮值工作，号长（班组长）、副号长和各管理小组发挥管理职责（各管理小组相关情况见表1-1），确保每月组织一次主题管理活动。这不仅为有特长的员工提供了展现自我的机会，促进了员工之间的相互学习，还丰富了员工的生活，让每名员工体验了基层管理者的工作。

表 1-1 各管理小组的负责人及相关职责

小组	小组长	小组职责
学习小组	××	1.定期收集业务相关学习资料，开展学习活动 2.搭建学习渠道：搭建线上（手机、网络等）和线下（学习墙、会议、参观交流等）的渠道，引导队员自上而下、自下而上地学习 3.目标：培养组员"重视学习，终身学习"的理念 4.具体方法：构建"以讲代学""以赛代练""案例分享""传帮带"四个平台，提高成员们的学习热情和业务能力
文化小组	××	1.负责《"蓝色旅途"章程》的修改和维护工作 2.管理并维护文化园地，传播班组理念文化 3.维护班组文化园地：为微信公众平台、《"蓝色旅途"之窗》杂志和"'蓝色旅途'班组建设之窗"看板提供素材 4.制作班组文化手册：即用文化来培育员工行为。挖掘班组中能够体现核心文化、工作精神、作风士气的员工故事与事迹，纳入班组文化手册，形成班组文化的传承

（续表）

小组	小组长	小组职责
宣传小组	××	1.管理并维护已有的微信公众平台、《"蓝色旅途"之窗》杂志、"'蓝色旅途'班组建设之窗"看板 2.通过内外部各类网络媒体和纸质媒介对"蓝色旅途"进行全面的宣传，扩大班组影响力，增强组内凝聚力和集体荣誉感
服务小组	×××	1.班组依然按照"四心"[①]服务文化的指引，积极建立契合自身业务特色的服务理念、服务口号，积极开展各种服务文化宣传活动 2.通过内外部客户识别，明确服务对象、服务内容，不断强化服务意识 3.定期开展对服务标准的学习、服务案例的研讨、服务经验的分享，来逐步提升员工的服务素质、服务技能等 4.结合创先争优活动，开展岗位练兵、技能比武等形式多样的竞赛活动。以赛代练，促进服务技能的提升

  为确保"蓝色旅途"乘务组的高效运营，班组长对其提供大力支持，并指导、鼓励每名成员自主开展工作。每名成员基于工作内容和职责，分别制订了详细的计划，组织开展管理活动。班组管理给了员工自我锻炼和自我能力提升的机会，员工在实现自我价值的同时，也感受到了自己的责任，这既充分调动了成员的工作热情，又实现了成员之间的有效协作，大大增强了班组凝聚力和向心力。大家还定期开展组内学习竞赛……这些丰富多彩的主题竞赛活动有效地推进了班组建设，活跃了班组气氛，提高了班组凝聚力。

  对于"蓝色旅途"乘务组来说，组织结构上的创新，不仅赋予了成员更多的管理职责，还调动了成员更大的工作自主性，为班组建设注入了新的活力，更推进了打造精品航班、

---

① "四心"即使客户放心、顺心、舒心、动心。

提升品牌价值的目标的实现进程，让整个乘务组在整合提升中成为该航空公司空中服务一道亮丽的风景线。

点评：

　　赋予员工责任，既是对员工的尊重，又是对员工的激励。班组组织结构的调整赋予了普通员工参与管理的权利和义务，能够从根本上消除传统班组管理引发的对抗，增强班组成员的活力。

第二章

班组文化建设
——打造卓越班组的向心力

第二章 班组文化建设——打造卓越班组的向心力

启动企业，先启动人；启动人，先启动精神；启动精神，先启动文化。企业文化是一个由企业所有目标、宗旨、价值观、行为和精神整合而成的思想体系。现代企业中，文化管理已经成为超越科学管理、行为管理、系统管理的第四级管理模式。企业拥有了出色的企业文化，就拥有了重要的发展利器。

第一节 班组文化的力量

> 班组文化，是完善班组管理的第一工具，是激发班组活力的第一催化剂，是提升班组绩效的第一法宝。

文化是一种富有力量的战略工具。美国兰德公司、麦肯锡公司等知名企业的专家通过对全球优秀企业的研究得出了一致的结论：世界500强公司出类拔萃的根本原因，就在于这些公司善于给自己的企业文化注入活力。卓越的文化力使这些一流公司实现了基业长青。

企业文化具有八大功能，涉及引导方向（追求）、育人塑人（心态）、形成凝聚力（团队）、传播影响力（理念）、缔造行动力（品行）、形成规范（管理）、激发创新力（改善）、促进企业发展（事业）等诸多方面（如图2-1所示）。

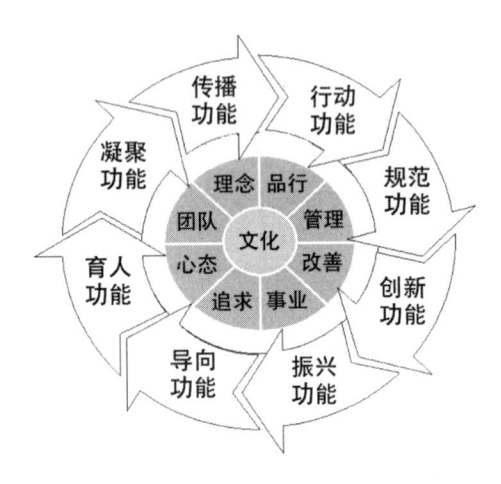

图2-1 企业文化的八大功能

基于企业文化的八大功能，有权威专家认为，企业的竞争最终是文化的竞争，文化是企业的第一竞争力。

一、企业文化扎根在班组

班组，是企业最基础的生命单元，是企业一切生产经营管理活动的最终落脚点。"从基层中来，到基层中去"——企业文化的本质是群体性的创造和智慧，更是群体性的思想和行为。所以，卓越文化往往不是"自上而下"由高层灌输，而是"自下而上"从基层班组孕育的。

班组精神即企业精神，一家企业最好的代言人，就是一线班组最普通的职工。企业文化最真实的体现，就是一线职工的行为和思想。

所以，王进喜代表了大庆，李素丽代表了北京公交，许振超代表了青岛港务局。

当前，很多人认为企业文化建设面临的最大问题是"文化不能落地"。这是一个概念上的错误。文化为什么不能落地？文化为什么华而不实、虚而无力？文化为什么不能凝聚人心、汇聚群力？因为文化没有代表最普遍的基层员工的思想和意志，没有反映基层员工的精神和行为。当企业文化和基层员工的所思所为有矛盾、有冲撞时，文化便成了假话和空话。所以，企业要搞好文化建设，基层班组是第一阵地。

1. 班组是企业文化的发源地

企业进行文化建设，必须坚持"走群众路线"，从基层搜集、整理员工的行为和事迹，提取基层员工的思想、精神、价值观念和信仰。

文化就像花草一样，种子在基层，扎根在班组，生长和繁衍在基层班组。员工的言行传达着文化，员工的举止标榜着文化，员工的所思所想渗透着文化。文化无处不在，又大象无形，需要用有形的工具来提炼，用有形的土壤来培植。而班组就是企业文化的发源地。

2. 企业文化反哺班组文化

企业文化是企业的价值观、使命、宗旨、经营哲学、运作理念、基本精神、基本行为模式的高度集成，是系统性、全局性的共同价值观体系。企业可以用文化管理班组，用文化提升班组，用文化规范班组。班组文化建设是一个文化反哺的过程。员工创造文化，文化反过来又塑造员工。企业文化的源泉在班组，班组又需要企业文化来灌溉。

3. 班组文化建设要以人为本

以人为本是企业文化建设的核心。以人为本不是简单地满足人，而是开发人、塑造人、经营人，这正是企业文化建设所承担的职能。

作为企业最重要的一线（班组）员工，承载着实现企业诸多目标的重任。然而，一线却是问题频发之地。相关调查显示，普通企业最普遍的问题是基层的问题，普通企业和优秀企业的差距也来自基层。

因此，利用企业文化来实现对人的开发、塑造和经营，已经成为当下企业，特别是企业基层的迫切需求。

4. 营造班组成员的精神家园

什么样的班组是卓越的班组？富有独特文化的班组。

什么样的班组是打不败的班组？富有凝聚力的班组。

什么样的班组是员工无限热爱的班组？能够充分展现员工才华、实现员工价值的班组。

一个人一生大约有1/3的时间都是在工作场所度过的。而组织为一个人寻找自身价值最大化、获得他人的尊重和认可及自我实现提供了一个有力的平台。如何让员工紧密地融入组织呢？离不开组织文化。进行班组文化建设，就是要使班组成为员工的精神家园。

二、班组文化的四大功效

班组文化是指班组成员共同认定的思维方式和办事风格，是班组成员付诸实践的共同价值观体系。它是以班组为单元在内部自发形成的，对全体成员具有潜移默化的影响力和吸引力。

案例

  大刘来到磨削班组刚满一年，就被评为了优秀标兵。是一个小小的螺母让大刘获得了荣誉。原来，厂里接了个几百万元的外贸订单，工期紧，任务重，利润丰厚，却偏偏因为缺少一个进口螺母影响了生产。

  没有螺母，设备没办法用；没有设备，有一道工序就没办法完成。紧急购买螺母，工期不允许；影响了工期，客户就要索赔。关键时刻，大刘找出了这个进口螺母，确保厂里按时完成了这个大订单。

  大家很好奇，打开大刘的工具柜，都吃了一惊：工具摆放得井井有条，此外还有几个整齐有序的盒子，里面分门别类地放满了常人认为没用的小物件，其中很多都是工作现场遗留下来的工作废料。

  大刘说，他所在的班组每个人都会有这么一些小盒子，里面装满了清理工作废料时找到的小螺钉、小螺母，大刘的师傅总说"有用"。师傅是这么做的，师傅的师傅也是这么做的。十几年下来，大家都是这么做的。几个月后，大刘的师傅退休了，大刘也当了师傅。没多久，他新来的徒弟也有了这么一个装满"废料"的盒子。盒子成了这个班组的统一标志！

文化规范人的行为，塑造人的品格。一句"有用"是磨削班组价值观最朴素的体现，一些装满"废料"的盒子是磨削班组最典型的文化标志。正是这种文化影响了师徒几代人的行为——坚持从废料里面找有用的东西，班组文化传承着一个稳固的理念——"有用"，班组文化也塑造着一个个大刘——在平凡的岗位上做到优秀。

大刘被评为优秀标兵不是偶然，班组催生着一个个活生生的文化故事，班组文化也塑造并影响着每名基层员工。

班组文化建设，简言之，就是在日常工作中，深入挖掘员工的精神和事迹，达到引导人、规范人、激活人、塑造人的目的。

班组文化的作用和功效可概括如下。

1. 变"管理人"为"引导人"

文化管理是第四级管理模式，也是班组管理的最高境界。文化就是引导力，班组文化可以引导员工消除隔阂，化解矛盾冲突，最终走向统一。班组长要做员工发展的"指路人"，而不是时刻监督他们工作的"挥鞭人"。

2. 变"约束人"为"规范人"

中国企业面临的老大难问题之一就是员工职业化的问题。企业领导层抱怨最多的也是员工缺乏职业化意识，"规范"往往被"随便"破坏。文化是什么？就是培养员工职业化素质的工具。

人很难被改造，也很难被束缚。通常情况下，能够使人信服的方法有三：一、权服；二、法服；三、德服。

用权力使人服从，只是暂时的服从。压力越大，越容易出问题。

用法令制度使人服从，往往容易引发人们的抵触情绪。而德服，才是长治久安之道。

这里的"德"，可以引申为文化中的统一价值观和信仰。优秀的班组文化，就是一种对班组成员的"德服"，潜移默化中规范班组成员的日常行为，强化班组成员的职业化素质。

3. 变"改造人"为"塑造人"

很多基层管理者最为头疼的，就是面对一盘散沙的员工队伍，不知如何调动他们、改造他们。于是，班前班后会往往成了批评会、教育会。班组长苦口婆心，劳心劳力，最后还是没有效果。而班组文化是将"改造人"的环境变成"塑造人"的环境。自然环境决定着一棵树能长多高，而人文环境决定着一个人的价值和行为。

班组文化的"化"就在于能够"化腐朽为神奇"。优秀的班组文化能够吸引人和感染人，调动人的潜在热情和干劲，使人自动自发地投入到工作中去。

4. 变"满足人"为"激活人"

优秀的班组文化，有利于发掘员工的潜能，激发员工的创造力。马斯洛的需求层次理论告诉我们，人较低层次的需求是生存需求，较高层次的需求是自我实现的需求。在普通班组，员工工作可能仅仅是为了满足生存需求；而在形成了优秀文化的班组，员工工作是为了实现自我价值，获得快乐和成就感。

以自我实现工作文化为主导的班组将生机勃勃，不再是一潭死水，"比学帮带"成为班组的统一行为，"互促赶超"成为班组的一种精神，班组也真正成为员工个人发展、实现自我价值的广阔平台。

三、班组文化的三大组成

广义的文化由三个层面组成：理念层、制度层和行为层（如图 2-2 所示）。

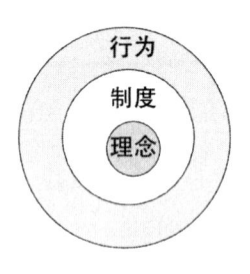

图 2-2　文化的组成

其中，理念层是人类在社会意识活动中孕育出来的价值观念、审美情趣、思维方式等主观因素，相当于通常所说的精神文化、思维意识等概念，是文化的核心。

制度层是人类在社会实践中组建的各种社会行为规范。

行为层是人际交往中约定俗成的以礼俗、民俗、风俗等形态表现出来的行为模式。

作为文化的一种，班组文化的核心构成也包括这三个层面（如图 2-3 所示），即班组理念文化、班组制度文化和班组行为文化。

```
            ┌─────────┐
            │ 班组文化 │
            └────┬────┘
       ┌─────────┼─────────┐
┌──────────┐ ┌──────────┐ ┌──────────┐
│班组理念文化│ │班组制度文化│ │班组行为文化│
└──────────┘ └──────────┘ └──────────┘
```

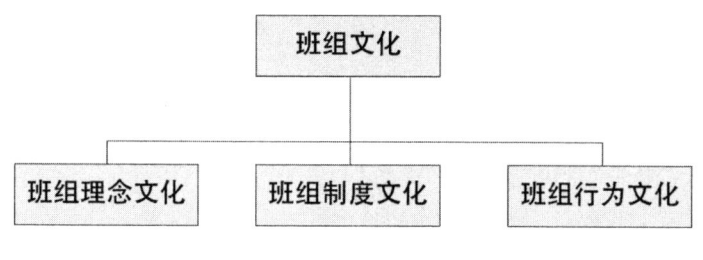

图 2-3　班组文化核心构成

1. 班组理念文化

班组理念文化是班组文化的精髓，即班组口号、班组使命、班组宗旨、班组目标、班组哲学、班组价值观、班组精神、班组工作理念、班组安全理念、班组质量理念、班组绩效理念等。

2. 班组制度文化

班组制度文化是班组文化的基础保障，即被班组成员统一认知并遵循的约定，包括班组公约、班组日常管理规范、班组工作管理制度、班组学习制度、班组安全制度等。

3. 班组行为文化

班组行为文化是班组文化的实践指导，是指班组成员习惯化的行为、举止、用语和礼仪。

第二节　如何推进班组文化建设

推进班组文化建设，要以文化理念系统为根本，以文化表现系统为载体，以文化化育系统为关键。

当前，许多企业都在抓文化建设，但企业文化建设如何抓，并没有一定的模式和办法。因此，相当多的企业在文化建设方面只是做做表面文章。比如，在厂房门前立几根柱子、树几块牌子，再挂上几句谚语或几点警示，就算完成了企业文化建设。很多企业的班组也是一样，所谓的班组文化就是挂几条安全标语、搞几次文娱活动，基层员工缺乏对文化的统一认知，缺乏同心同德的统一思想，更缺乏班组内统一的行为和精神。

一、班组文化建设的三大系统

我们通过调研得知，当前班组文化建设最大的难点是"文"如何"化"的问题。"文"即班组理念系统的部分，"化"即固化为行为习惯的部分。"文"如何"化"的问题就是理念如何落实到行为的问题，是理念和实践如何结合的问题。

我们针对班组建设中"文不能化"的问题，在多年实践和服务企业基层班组建设的经验基础上，创造性地提出班组文化建设三大系统的理论和方法。

如图 2-4 所示，文化建设三大系统包括班组文化理念系统、班组文化表现系统和班组文化化育系统。这三个系统相辅相成、互为补充、同步建设、共同完善，才能抓住班组文化建设的实质，真正实现班组文化的功效。

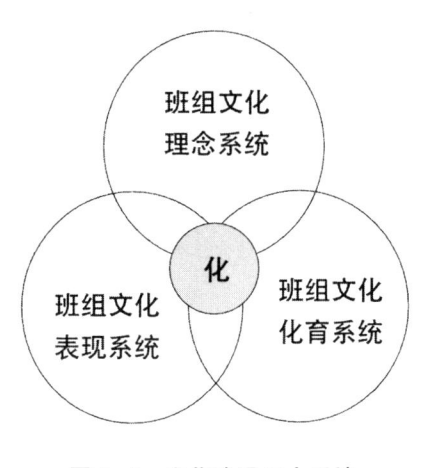

图 2-4 文化建设三大系统

1. 班组文化理念系统

是否具备班组文化理念系统，是卓越班组与普通班组的根本区别。班组文化理念系统建设，是建设班组文化的先导，即总结和提炼存在于班组成员思想和行为中的观念和共识。

班组文化理念系统（核心组成）包括以下方面。

班组口号——班组核心理念的表达。

班组使命——关于班组为什么而存在的根本思考。

班组宗旨——关于班组如何实现使命的根本主张。

班组目标——班组实现使命的远景和梦想。

班组哲学——班组走向卓越的思维方式。

班组价值观——班组经营的成功法则。

班组精神——班组走向卓越的精神支柱。

…………

2. 班组文化表现系统

班组文化表现系统，即班组文化的外在展现，是将卓越班组的优秀文化成果进行展示和渗透的工具。班组文化墙、文化园地、文化手册、文化故事、文化信息平台等都属于班组文化表现系统。

3. 班组文化化育系统

班组文化化育系统，即建立班组文化的持续培育和催化体系，借助一系列日常管理活动的开展和透明化工具的运用，塑造班组文化孕育的环境和氛围，将班组文化理念真正转化为具体的行动，如每日一反思、每日一对标、文化风暴会、文化学习会、文化标杆人物塑造、文化故事征集与宣讲、星级班组评选等。

二、班组文化三大系统的开发和建设

1. 班组文化理念系统的开发

一切工作都源于使命,并与使命密切相关。使命是一个人的动力支撑体系,欧洲商学院给经理人上的第一课,就是引导他们建立正确的价值观、人生观,并将其形成使命、愿景、目标以及精神。推进班组文化建设,首先要做的就是开发班组共同的使命、愿景、目标和精神,即推进班组理念系统的建设。

开发班组文化理念系统,需掌握如下内容。

(1)班组使命——思考班组为什么而存在

人的使命是一个人经过思考形成的一种坚定不移的认识和信仰,即认定这种事情值得全力以赴、值得献身。使命是催人行动的力量,使命感就是知道自己在做什么及这样做有什么意义。一个人找到了使命,就找到了自身存在的根本。

班组的使命也是如此。班组使命能够让班组每名成员识别出自己是在做事还是在做事业。班组使命对班组工作的执行和结果具有决定性的作用。共同的使命是促使班组成员齐心协力、勤奋工作的最强动力。

创建班组使命应该注意如下几点。

第一,班组使命主要阐明班组为什么存在,即班组生存的意义。

第二,讲明班组能为社会大众贡献什么,为什么这么做。

第三,班组使命是班组的经营信仰。

第四,每名班组成员都能从班组使命里汲取力量,找到共识,并获取荣誉感。

（2）班组口号——表达班组核心理念

口号，不仅能够调动班组成员的积极性、进取心与责任感，更能强化他们的经营观念和行动准则，鼓励全体成员树立良好的班组形象。

口号内涵丰富，是一门积聚人心、凝聚士气、激荡热情的艺术。好的班组口号就好比战斗的号角，于激进者是鼓励，于落伍者是鞭策。班组口号一般言简意赅、易于记诵，体现了班组的特点，喊出了班组的目标。

①班组口号的魅力。

班组口号是班组力量的传递。

班组口号是班组智慧、意志和目标的集中。

班组口号告诉公众班组是什么、干什么，指出了班组的根本选择。

班组口号是班组的心声，喊出了班组内心的追求、公众的认同、荣誉的传递、力量的激荡。

班组口号是班组进军市场的锐利的精神武器。

②如何开发班组口号。

班组口号是班组的一句话宣言。班组必须向社会公众发布自己的宣言，用最简短、最明了、最具有冲击力的语言发布；要让公众知道你是干什么的，怎么干，和他们有什么关系，要考虑公众能否接纳你。

班组口号必须体现以人为本。

企业班组口号的设计，必须体现班组的风格、理念、工作方针和班组文化，要求文字简洁、朗朗上口、亲切感人。

班组口号必须具有永久性。

班组口号是对内心规范的最高纲领。

班组口号必须具有震撼性。

班组口号是班组形象广告的基本用语。如，中国移动某客户服务班组的班组口号是"超越巅峰无极限，精彩缤纷每一天"；国家电网某运行班组的班组口号是"高效运行创佳绩，安全发电暖万家"。

（3）班组宗旨——如何实现班组使命

宗旨是文化如何解决问题的根本主张。宗旨也是使命的深化，即把使命深化到如何做的层面上。

班组宗旨阐明了班组怎样做正确的事，即：

奉行什么原则；

通过什么途径；

采用什么根本方法。

班组宗旨对于班组成员的重要意义体现在：

它坚定了员工对使命的信仰和追求，为员工如何实现使命指明了方向，使员工深感使命的存在，对使命充满信心；

它是员工评判班组各种行为规范的根本标准；

它是班组检验经营目标的校正表和规划经营目标的指南针。

（4）班组价值观——班组经营的成功法则

价值观是人们对自身的存在与世界的关系的看法，它指导着人们的行为，是人们行动的导航仪，是人们的心理动机和选择的基础。没有共同价值观的班组，人会变得自私、自我，充满了抱怨、抵触和不协作，缺乏责任感和集体荣誉感。

案例

下班前半小时，小王操作的一台机床出现了故障，无法运行。原计划下班前完成的这批工件无法顺利转入下一个工序。该厂规定，一个班组内有人未完成任务，其他人都不能下班。这时候，有人斥责，有人抱怨，有人借故请假，唯独没有人主动帮小王。

班组是个体的集合，每个人的阅历、思想、对世界的感知不尽相同，对事物的认识各有千秋，行为动机与方式也各不相同。建立班组共同价值观，就是要打通班组成员之间心灵共振的通道。只有心灵相通，才能荣辱与共、共担风雨。

建立班组共同价值观应注意如下几点。

①赋予班组成员正向动机。

将班组期待具体化，才能赋予班组成员以动机，因为具体化的期待是能够实现的目标。

例如，建一栋大厦，如果不进行具体规划就无法完成。而建筑师将自己的想法具体地表现在图纸上，施工人员依照图纸付诸行动，就能建成大厦。同理，班组行动要让员工毫无疑惑地追随，也必须要有行动的蓝图，即明确具体的理想或目标。如果班组管理者不能为班组成员规划出明确具体的理想或目标，班组成员就会因迷惑而自乱阵脚、丧失斗志。

②赋予班组成员共同的荣誉感。

很多时候，激励和荣誉是促使人改变的最大原因，共同价值观的形成也源于共同荣誉的创造。

案例

去年,在某企业进行的一年一度的星级班组评选中,保洁班组被公认为最平庸的班组,因为班组成员大都抱着干活拿钱的心理,干一天拖一天。

面对这种情况,新来的班组长却坚持要申报今年的星级班组评选,并不顾半数人的嘲讽,组织大家进行工作改善。

新来的班组长不但积极了解大家的想法,还主动和个别表现不佳的班组成员私下沟通,做他们的思想工作。他还注意观察大家点滴的进步,及时在班前班后会上进行表扬。新来的班组长用自己的真诚打动了大家,为班组指出了明确的奋斗目标。最终,他们在评选中获得了成功。

从此以后,班组里的每个人都干劲十足,原来干一天拖一天的心态变成了干一天洁净一天。当初对班组长的想法冷嘲热讽的人也变得积极起来。

荣誉是转换价值观的法宝,创造共同荣誉的过程更是价值观积累和重塑的过程。

(5)班组目标——指明班组努力的方向

班组目标来自对企业目标和远景的分解,是班组生产经营活动所要瞄准的根本方向。有了目标,有了方向,才能引导下一步的行动。

树立班组目标,需注意如下几点。

第一，班组目标源于组织目标，要可考量、可实现。

第二，班组目标要能体现班组实现使命的决心和斗志。

第三，班组目标要能体现员工的雄心和抱负。

第四，班组目标要能唤起员工承担义务的愿望，提高员工对环境的敏感性，促使他们积极思考。

（6）班组图腾——将班组文化形象化

图腾诞生于原始社会，是原始社会的人认为跟本氏族有血缘关系的某种动物或自然物，一般用作本氏族的标志。现在，图腾正转变为文化标识，即用符号化的语言传达文化、价值和信仰，如图2-5所示。

图2-5 某移动通信公司某班组设计的班组图腾

班组图腾是班组个性的表现，班组借助一种图形、符号、动物、植物或人物来象征班组的追求，寄托班组的精神。

建立班组图腾需要把握如下几点。

第一，班组图腾要便于班组文化形象的传播。比如，某电力企业一线运行班组的图腾为"鹰"，其寓意为对发电机组的监控"像鹰一样敏锐，像鹰一样严谨"。又如，某电子制造企业生产班组的图腾为"大雁"，其寓意为"班组协作，整齐划一，决不掉队"。

第二，班组图腾确立后，需要不断强化和传播。班组的工作纪要、工作桌、文化墙、便笺纸等便于传播的地方都要加上文化的标志——图腾，并借此形成对人的时时提醒、时时激励。

第三，图腾的确立要结合班组的自身特色和个性，找到它们的共通之处。

第四，要深入挖掘图腾符号、图形背后的价值和意义，将图腾形象转化为图腾故事。

2. 班组文化表现系统的建设

文化传播是文化建设中至关重要的一环。文化能够产生影响力和感召力，是不断传播的结果。

班组文化表现系统建设就是建立班组文化传播的载体和通道。传播就是相互感染、相互渗透、相互影响、相互融合的过程，班组文化表现系统要基于此而开发设置。

班组内文化表现系统的建设主要有如下几种途径。

（1）文化成果的显性传播

班组文化不仅应该在潜移默化中影响人、规范人、塑造人的核心价值体系，还应该转化为实实在在的文化成果，发挥显性的影响力。

我们在文化建设的实施中，采用最科学、最高效的"八九点导入导出模式"，最终完成了文化理念的"导出—提炼—加工—导入"，产出了班组文化手册、工作手册、员工手册、案例集、文化故事集等班组文化的显性成果。

班组文化建设的过程不是一个文化重新创造的过程，而是对班组原来存在的潜在文化要素进行高度提炼，采撷班组日常工作生活中一个个平凡的实例——员工的事迹和员工的思想。每个素材都是文化的表现。"人人为我师""事事皆案例",就是将"身边的人、身边的事"转化为班组统一的文化理念、文化案例和文化故事。

文化手册、案例集、故事集(图2-6即某班组的班组长手册)产出之后,不是要束之高阁,而是要更广泛、更透彻地进行传播——对文化手册的学习和感悟,对文化故事、文化案例的传播和宣讲。宣讲的过程就是"说身边的人、身边的事",以此来实现文化规范人、引导人、塑造人和激活人的功效。

图 2-6 某班组的班组长手册

班组文化建设是一个动态发展的过程。文化本身是一个不断交融、不断催生的过程,"文"和"化"如八卦图的两部分,在动中融会交合。文化手册等显性成果也需要随着文化的交融不断补充完善,文化故事和文化案例更需要不断产出、充实。

（2）班组文化墙、文化园地建设

相比文化成果手册，文化墙和文化园地不仅是表现文化的工具，更是孕育文化的载体。

班组文化墙、文化园地已经为很多班组所采用。文化墙、文化园地（图2-7即为某班组的文化园地）具有非常直观的文化传播功效。一块文化墙、一块文化园地往往记录了班组的点点滴滴，不但有班组的文化理念、口号、目标、精神等，还展现了员工的事迹、风采；不但传播了班组的文化理念部分，还传递了员工的价值和荣誉，在班组内部营造了良好的文化氛围和环境。

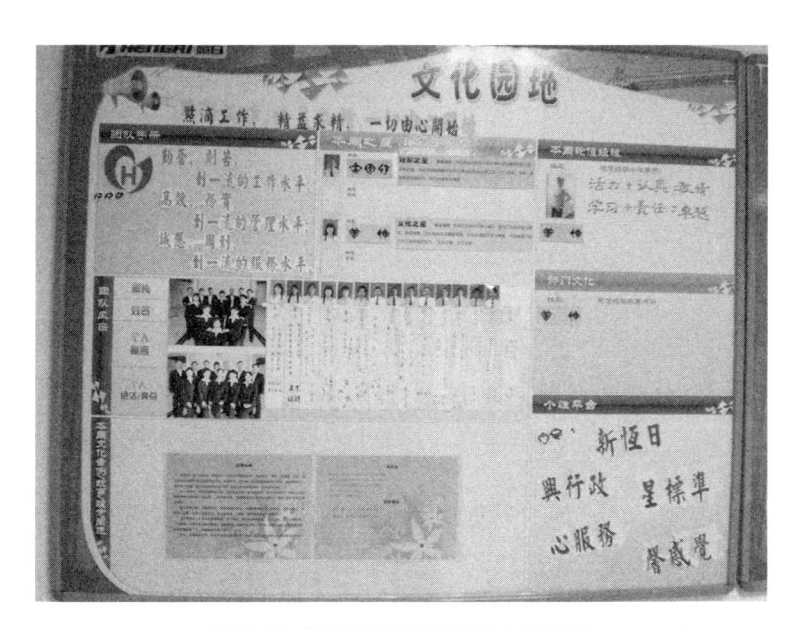

图2-7　某班组丰富实用的文化园地

遗憾的是，很多班组的文化墙、文化园地没有发挥应有的作用。虽文化墙、文化园地设计好了，但内容一成不变，很多班组往往不清楚如何进行文化墙、文化园地的日常化开发和维护。

文化墙、文化园地只有为班组的实际应用而建，才能真正地成为班组文化建设的主力阵地。

进行文化墙、文化园地建设应注意如下几点。

第一，文化墙、文化园地不是班组的"脸面"，不是班组长的"功绩工程"，更不是时髦或形式主义的展台。班组文化墙、文化园地要切实地反映班组文化的方方面面，反映班组每名成员的精神风貌，展示每名成员的所思所想，体现每名成员的价值。

第二，文化墙、文化园地不应展示空洞的目标和口号，而应有鲜活的故事，结合员工的日常表现，体现员工的绩效，赋予优秀员工荣誉。班组文化墙、文化园地要成为员工展现价值的平台，成为员工的精神家园。

第三，文化墙、文化园地的建设应全员参与，全员尽责，让班组的每名成员和文化墙、文化园地有所关联，在文化墙上、文化园地找到自己的存在、自己的价值。

如某电厂一班组的文化墙，就特地设置了"班员风采展示区"（如图2-8所示，班员即班组成员），能够让每名成员展示自己的目标和工作宣言。

第四，文化墙、文化园地要实现动态管理、持续维护。文化墙、文化园地的建设和管理要能够和班组日常化的管理工作相结合。

文化墙、文化园地的建设只有持续维护，才能产生长效的影响。那么，该如何持续维护呢？可以运用如下的机制和模式。

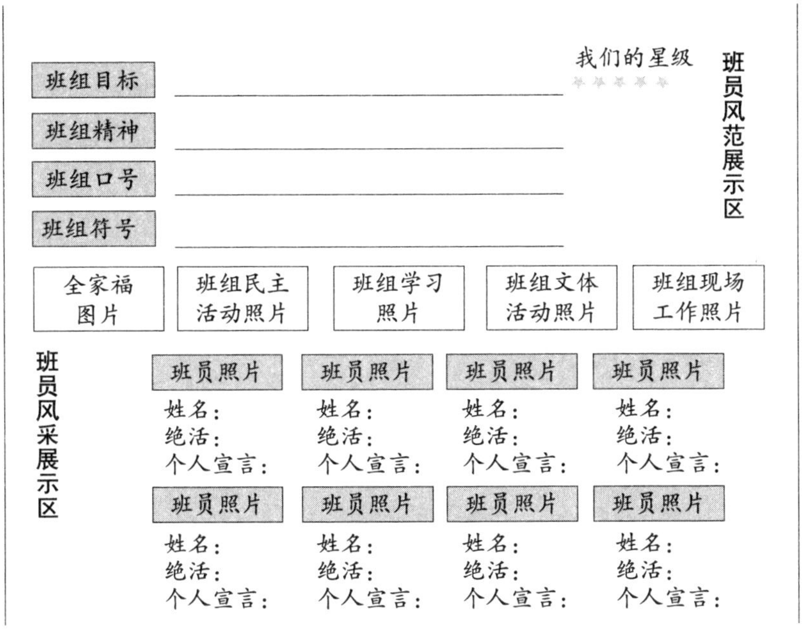

图 2-8　某电厂班组文化墙

引入"八全管理模式"："八全管理模式"即全员有责、全员参与、全员思考、全员管理、全员创新、全员创标、全员实践、全员学习（后文有详细介绍）。班组文化建设不是某个人的事情，更不是班组长一个人的事情。班组文化建设要吸引每名员工都参与并贡献所长，要赋予员工责任和权利，让每名成员都能负责一个板块的建设和维护。

引入"荣誉机制"：将文化墙、文化园地建设成为员工能够充分展现自我的平台。借助文化墙、文化园地，发掘每名员工身上的亮点和价值，即时展现、即时激励、即时分享、即时传播。当文化墙、文化园地成为每名员工的荣誉平台，员工自然就会积极参加文化墙、文化园地的建设。

引入"分享机制"：把文化墙、文化园地建设成为员工与他人交流的平台，员工的心声、遇到的难题、工作中的经验和教训，都可以借助文化墙、文化园地来反馈，把员工的思想与心声、收获与感触及时分享给每个人，同时获取团队给予的支持、帮助、信任和尊重。人和人之间也因为分享而透明，因为分享而更友善。

班组建设中的很多机制都可以运用到文化墙、文化园地的长效建设中来，本书第七章会专门介绍，在此暂不赘述。

（3）内刊与信息平台建设

班组文化的表现和传播还要借助企业内刊和企业信息化平台这些文化载体，在更大范围内营造文化的"势"。

文化传播也要谋势、造势、运势。小团队会凝聚成大团队，小行为会汇聚成大修为。企业文化的形成正是这样一个从小到大不断表现、不断传播、不断融会、不断升华的过程。

3. 班组文化化育系统的建设

文化化育，即对文化的持续催化和培育。

班组文化化育系统是班组文化建设的重中之重。当前，80%以上的企业进行文化建设，几乎都是因为缺失了这一环节而宣告失败。它们采用的文化建设常规催化方法主要包括如下几种。

第一，文化学习活动。组织员工学习文化条例、文化理念等，死记硬背，甚至考试。

第二，文化报告会。文化理念也宣讲了，成果也展览了，事迹也报告了，对大家却没多大影响。

第三，文化建设活动竞赛。雷声大，雨点小，竞赛完后，文化建设也就成了过去式，无人问津。

这些方法往往都很难见成效。因为"文不能化",文化理念、文化制度并没有转化到员工的行为层面,文化成了空架子、大空话。

北京八九点管理咨询有限公司(以下简称"八九点")提出的文化建设三系统论,正好解决了这一难题。理念系统建设的"导出",表现系统的"导入",化育系统的"催化",三系统结合,都集中在"化"上面。

我们在多年的服务实践中,研发了一套行之有效的文化化育工具——八九点文化道场运作体系。该工具最大的特点就是成功地将班组文化建设和班组日常管理工作相结合,在日常工作中实现对每名成员的文化锤炼。

（1）八九点文化道场运作体系的化育原理

①人人为我师,事事皆有道。

"道场"原意是指高僧修炼的地方。工厂即道场,工作即修行。工作本身就是一个人不断成长、不断自我修炼的过程。文化道场是一个高度开放型的环境。在工作中,人人都可以成为老师,每名班组成员都会因自己的优点被激励,其特长都会被放大,他们为团队贡献自己的价值和能量,又从团队中汲取能量。

在这种体系内,强调正向引导和激励,借助激励和荣誉的力量,塑造每名班组成员的品格和行为。当每个人都与团队相互交融,班组文化化育也就完成了。

②与环境互动。

人如何快速获得成长?最好的方式就是学会与环境互动。权威调查显示,人类60%以上的认知和行为来自环境的反馈。与环境互动,就是置身在文化道场内,从同事、工友的身上找长处,从与他们的对比中找到差距，学会充分地从环境内获取有用的信息为我所用。

环境给予班组成员互促互励、价值传递及榜样的力量，从而实现班组文化化育。

（2）八九点文化道场运作体系的工具结构

文化道场的核心组成有如下几部分。

①**工作管理系统。**

工作管理系统（如图2-9所示），是体现班组成员工作观、工作价值及工作绩效的工具。它通过工作管理活动的开展，规范员工的工作行为，继而实现开发人、经营人和塑造人的目的。

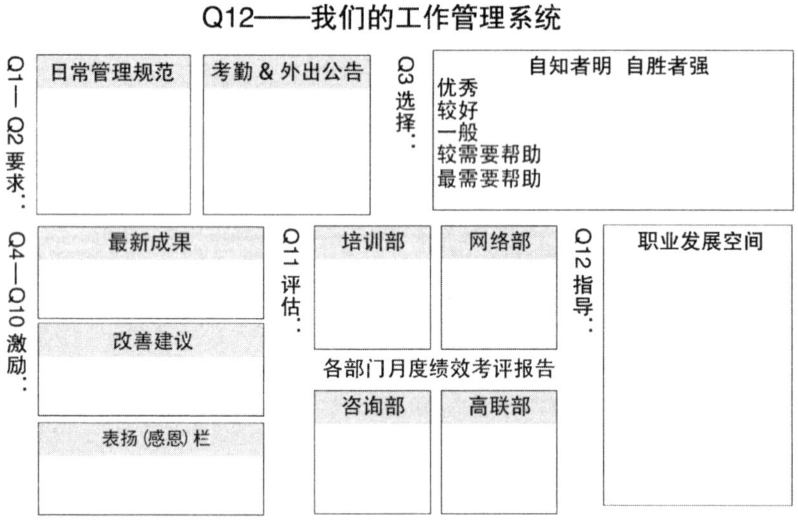

Q12——我们的工作管理系统

图2-9 工作管理系统

②**信念突破系统。**

信念突破系统（如图2-10所示），是展现班组成员自我信念突破的载体，用于转换人的思维模式，培养人的包容力、魄力和价值观。

图 2-10 信念突破系统

③**基本功修炼系统**。

基本功修炼系统（如图 2-11 所示），是体现全员参与、全员管理精神的载体，是用事迹阐明价值、用价值体现精神、用精神发掘基本功修炼与基本职业化修炼的成功要素。

图 2-11 基本功修炼系统

④**员工精神家园**。

员工精神家园，即传播荣誉、体现价值的载体，是对荣誉和责任的规范管理。

⑤ DKD（道可道）与 TTA 模式（天天案例法）。

DKD 与 TTA 模式，是团队成员与环境互动、以分享为纽带的最重要体现，是一个人与团队之间用分享达成共识、用行为固化精神、用习惯修炼品格的最佳体现。

（3）八九点文化道场运作体系的日常运作模式

"文"如何"化"？最好的"化"是潜移默化。这套化育工具的使用要依靠日常管理来实现，在日常行为中完成班组文化对员工的熏陶和培育。

那么，如何运作呢？具体方法如下。

第一，结合班组早晚会，开展"每日一标杆"的评选活动。评选出每日的优秀人物，与优秀者对标，促进工作绩效提升，规范工作行为，改善工作观念。

第二，利用日常化的分享，开展"每日一思""每日一问"活动（见表 2-1），提出问题，找到反思点和改善点，并寻求对策与方法。

表 2-1　"每日一问"模板

今日经典			
今日提问者	（提问者照片）	姓名	
		部门	
		岗位	
经典问题 带来经典回应 经典回应 产生经典方案			
对方案的评价			

第三，利用班组的晚会，推行"每日一例"的探讨。朝乾夕惕，核对每天的工作目标，继而发现工作中的问题、疏漏，及时总结成果或者经验，在班组内部进行分享。在解决问题和传播成功经验的过程中，统一班组成员的思维方式和对问题的基本认知。

第四，以月度为单位，开展"星光灿烂"评选。每名班组成员都是班组价值的贡献者，都有自我实现的需求和冲动。评选的本意不在于物质的奖励，而在于精神的激励。荣誉的背后是动机的转换和行为的日趋完善。

第五，不定期地组织大家与环境强制性互动。引导班组成员找到他人身上的优点，发现他人的价值，分享他人的思想、行为背后所传达的价值观和精神，从而汲取他人身上的精华。互动的过程，可以采用"讲他的事迹、谈我的感想"等多向评议的方式来进行。人往往不能透彻地了解自己，所以班组成员的价值需要团队发现、认知和激励。

道不择法。道理想通了，方法可以多种多样。

班组文化的化育往往还需要结合班组的文化特性来开展，以上日常化的运作仅供企业参考，具体实践时可依据实际需要调整和优化。

业界实例

一个代理班组长的制胜法宝

小黄是某移动通信公司的一名普通员工，其所在班组从事客户服务工作。最近，小黄被推举为所在班组的代理班组长。对此，他有点措手不及。干好本职工作，小黄很在行，但管理一个班组，他没有多少经验。

由于小黄年龄小，管理经验不足，说话做事很难服众，班组开会时经常面临班组成员三五成群开小会的尴尬局面。月底，全室的绩效排名显示，小黄所在班组竟然滑到了最后几名。很多班组成员开始对小黄公开表现出了不信任，有的成员还出现了抵触情绪。小黄感到压力越来越大，对班组管理工作充满了忧虑。

这时候，恰逢省公司提出的"活力100"班组建设活动开始在各下属单位陆续展开，小黄带着问题参加了"活力100"班组建设活动的咨询式培训。课堂上，专家老师系统讲授了班组文化建设的方式方法，这让小黄豁然开朗。

文化是班组管理的最好工具，能最大限度地激发大家的活力——这是培训后小黄最大的收获。

有了这一认知，小黄开始着手在自己所在班组推进活力工程，即首先建立自己班组的特色文化，用文化把班组成员的积极性和主动性调动起来，创造一个活力、团结、高绩效的班组。

小黄是如何做的呢？

一、导入人本激励机制，营造积极主动的文化建设氛围

小黄亟须解决的首要问题就是少数班组成员思想懈怠、工作士气不高的问题。在"活力100"班组建设活动培训中，小黄认识到激励是解决思想问题、士气问题的一剂良药，员工越是出问题，就越需要正向的激励和引导。而激励最重要的一点就是发现问题员工的长处和短处，扬长避短：对长处加以激发鼓励，使其最大限度地发挥出来；对短处则善加引导和规避。

针对班组内士气不高的班组成员，小黄开始勤观察，不时给予激励。同时，把人本激励导入到班组的早晚会中，在每天的晚会上选出一天中工作状态好、工作成绩佳的班组成员，并及时在全班进行激励。

小黄还带领班组成员共同策划和设计了激励仪式，班组每天都会有优秀的班组成员接受全体成员的共同嘉许。这种人本激励的外在表现，一下子使班组充满了活力，班组的氛围变得轻松、活跃、和谐起来。大家也慢慢消除了对小黄的不信任，工作态度和士气也发生了很大的转变。

二、组建班委，全员管理，共育班组文化

班组气氛好转之后，小黄又开始着手激发每名班组成员的热情，他调整了原有的班组长一人管理的组织结构，以小组的形式鼓励每名班组成员参与班组建设和班组日常管理。

首先，组织大家从班组成员中选出几位小组长，让每位小组长依据每名班组成员的特长，招募自己的小组成员，分别对组内的工作质量、士气、纪律、文化建设、早晚会等进行管理。经过这样的调整，班组内的每名成员都能够参与到班组的日常管理中来，各尽所长，班组成员的积极性明显提升，班组绩效也开始平稳提升。

其次，号召大家共同建设自己班组的文化体系，并阐释班组文化建设的核心要素是引导出大家公认的优秀的工作行为、思维习惯、价值观等。小黄还用在培训中学到的方法教会班组成员用案例的形式把工作中好的行为、做法、思想和理念等拿出来进行分享、点评。班组成员在小黄的引导下，都表现出了前所未有的热情。大家发现，原本看似很高深的文化，其实就存在于每个人的日常工作中，于潜移默化中影响着每个人的思想、行为和习惯。

在全体成员的努力下，小黄班组很快提炼出了本班组的核心文化理念系统，并在班组内部达成了高度共识。

第一，进行了班组个性化命名："活力 A3"队。

第二，设计完成了能够体现班组共识和追求的图腾（如图 2-12 所示）。

图 2-12 "活力 A3"图腾

该图腾的释义为：整个背景中的一个大圈代表着公司的大舞台，留着一片空白的领域，让我们去发挥、去创新、去创造。我们小组紧紧地团结在公司这个团体中，发挥小组的能动性，弘扬团结友爱、互相帮助、互相扶持的精神，突出个人特长，做一个全面发展的集体。我们继承公司的创新精神，相信我们会做得越来越好，能够超越自我，为公司做出贡献。

第三，提炼并健全了本班组的文化理念系统。

"活力A3"班组文化理念系统如下：

班组口号——超越自我，A3我能；

班组目标——成为自主、高效的"活力100"班组；

班组使命——炼好100，成就卓越；

班组宗旨——快乐生活，激情工作；

班组价值观——实现人生价值；

班组精神——积极、主动、超前。

围绕着大家提炼出来的核心班组文化理念，班组成员又共同研讨总结出了用于指导实践的近百条子文化理念，如图2-13所示。

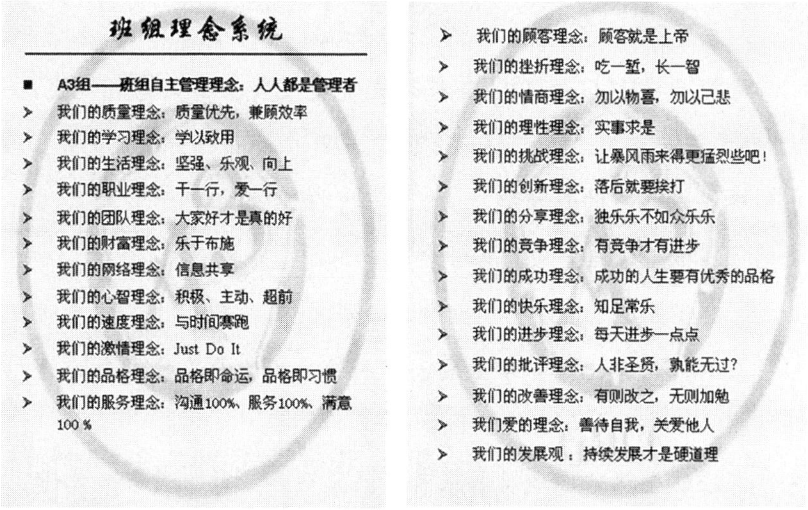

班组理念系统

- **A3组——班组自主管理理念：人人都是管理者**
- 我们的质量理念：质量优先，兼顾效率
- 我们的学习理念：学以致用
- 我们的生活理念：坚强、乐观、向上
- 我们的职业理念：干一行、爱一行
- 我们的团队理念：大家好才是真的好
- 我们的财富理念：乐于布施
- 我们的网络理念：信息共享
- 我们的心智理念：积极、主动、超前
- 我们的速度理念：与时间赛跑
- 我们的激情理念：Just Do It
- 我们的品格理念：品格即命运，品格即习惯
- 我们的服务理念：沟通100%、服务100%、满意100%

- 我们的顾客理念：顾客就是上帝
- 我们的挫折理念：吃一堑，长一智
- 我们的情商理念：勿以物喜，勿以己悲
- 我们的理性理念：实事求是
- 我们的挑战理念：让暴风雨来得更猛烈些吧！
- 我们的创新理念：落后就要挨打
- 我们的分享理念：独乐乐不如众乐乐
- 我们的竞争理念：有竞争才有进步
- 我们的成功理念：成功的人生要有优秀的品格
- 我们的快乐理念：知足常乐
- 我们的进步理念：每天进步一点点
- 我们的批评理念：人非圣贤，孰能无过？
- 我们的改善理念：有则改之，无则加勉
- 我们爱的理念：善待自我，关爱他人
- 我们的发展观：持续发展才是硬道理

图2-13 "活力A3"班组文化理念系统

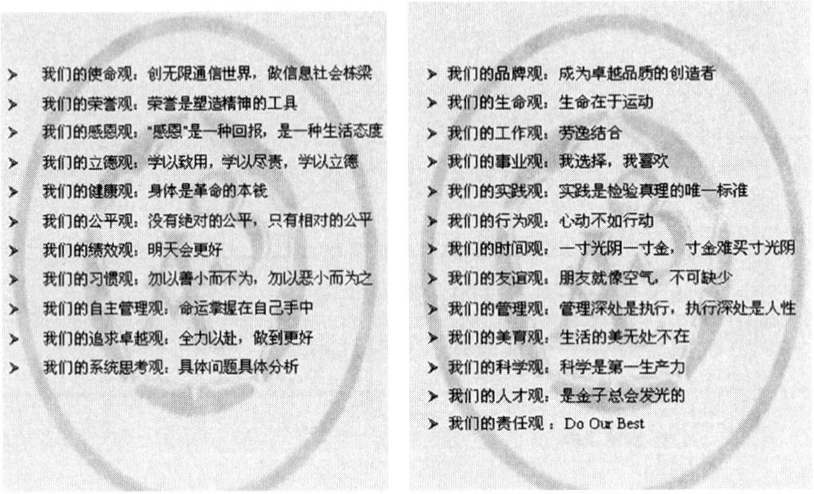

```
> 我们的使命观：创无限通信世界，做信息社会栋梁      > 我们的品牌观：成为卓越品质的创造者
> 我们的荣誉观：荣誉是塑造精神的工具                  > 我们的生命观：生命在于运动
> 我们的感恩观："感恩"是一种回报，是一种生活态度      > 我们的工作观：劳逸结合
> 我们的立德观：学以致用，学以尽责，学以立德          > 我们的事业观：我选择，我喜欢
> 我们的健康观：身体是革命的本钱                      > 我们的实践观：实践是检验真理的唯一标准
> 我们的公平观：没有绝对的公平，只有相对的公平        > 我们的行为观：心动不如行动
> 我们的绩效观：明天会更好                            > 我们的时间观：一寸光阴一寸金，寸金难买寸光阴
> 我们的习惯观：勿以善小而不为，勿以恶小而为之        > 我们的友谊观：朋友就像空气，不可缺少
> 我们的自主管理观：命运掌握在自己手中                > 我们的管理观：管理深处是执行，执行深处是人性
> 我们的追求卓越观：全力以赴，做到更好                > 我们的美育观：生活的美无处不在
> 我们的系统思考观：具体问题具体分析                  > 我们的科学观：科学是第一生产力
>                                                     > 我们的人才观：是金子总会发光的
>                                                     > 我们的责任观：Do Our Best
```

图 2-13 "活力 A3" 班组文化 理念系统（续）

第四，策划建立本班组的文化园地，动态展现班组文化建设成果。

年轻的 A3 班组，果然是一个充满活力的集体。在大家群策群力完成班组文化理念系统建设之后，小黄感慨地说："参与提炼文化理念系统的建设，就是在共同的价值认同中，创造我们共有的激情和活力。以后，我们的工作就靠大家共同创造出来的这些文化来管理了。"

有了文化的理念精髓，如何将其转化到日后的工作行动中，如何用文化进一步激发大家的活力，使其保持持久的热度呢？要进行班组文化园地建设。

经过全体班组成员紧张有序的策划和设计，大家又建设完成了本班组的文化园地。小黄告诉大家，文化园地就是他们的工作园地、学习园地和生活园地。文化园地反映的是大家的精神风貌、工作绩效和成果，所以要充分利用，定期维护。在小黄的引导和组织下，大家又落实了文化园地的内容设置和日常维护工作。

三、开展"本月一星""每日一例"活动，推进班组文化建设的长效化育

提炼了班组核心文化理念，建立了班组的文化园地之后，小黄接下来又组织大家深入开展班组内评优秀和案例分享活动，促进班组成员之间更好地学习和交融；同时引导大家深入理解班组文化，在工作实践中不断强化核心文化理念，并指导班组成员具体的行为。

小黄在班组内启动了"本月一星"的评选活动。以月度为单位，设置月度绩效之星、微笑天使和满意之星，分别就工作绩效、工作风貌和工作满意度等方面评选出优秀标杆，授予荣誉。文化园地上，对月度之星的事迹进行分享，班组成员之间进行点评和嘉许。

同时，小黄还在班组内展开每日的案例分享活动，即把工作中的问题、难题，积累的经验及成功点等都制成案例，在班组内部分享，组织分析和讨论，找到解决问题的具体办法，并落实到人。这就很好地明晰了每名班组成员的角色，同时也培养了大家主动解决问题的思维和意识。工作中成功的经验和做法，也在活动中得到了有效的学习和分享。

…………

简单的几项活动，在小黄班组取得了很好的成效。几个月后，班组成员惊喜地发现，经历过全体班组成员共创文化、

共建文化园地、共同组织早晚会的激励和分享的 A3 班组，不知不觉中已经发生了很大的变化：班组成员个个精神饱满，工作气氛融洽轻松，最重要的是，他们班的绩效已经从全室的第 13 名跃升为全室的第 1 名。

点评：

文化是班组管理的最好工具，能最大限度地激发班组成员活力、规范班组成员行为、提升班组绩效。小黄从不被信任到获得拥戴，班组绩效从绩效评比第 13 名跃升为第 1 名，这都得益于成功的班组文化建设。

第三章

班组人才建设

——激活卓越班组的核心力量

第三章 班组人才建设——激活卓越班组的核心力量

1969年,某世界性经济管理学会召开了年会,会上曾讨论了这样一个议题:"卓越企业成功最重要的因素是什么?"当时,很多专家认为是资金和技术。20世纪末,哈佛商学院在对美国企业成功因素的调查分析中发现,拥有高效能的精英人才和高保障的人力资源体系才是企业成功的最核心因素。

如今,用一流的人才打造一流的企业,已经成为世界级优秀企业的共识。

第一节 基层员工开发在班组

活力、稳定、高效的班组是塑造人才的培养基和营养源。

在选人、用人、育人和留人四个步骤中,育人是企业人力资源管理的核心。对人的开发是现代企业最富价值的经济行为,也是周期最长、投入最大、最需要持续关注的经济行为。我们在对多家企业服务和调查的过程中发现,很多企业在员工开发和培育上存在诸多错误的认知和做法。

员工开发只是空喊口号，走走形式，缺乏对员工的人本关怀和实际投入；

企业疏于培育自有人才，而热衷于四处挖人、抢人；

把对员工的培养和开发当成"短平快项目"，急于求成，敷衍了事；

没有和员工个人所需相结合，缺乏对员工能力发展的规划和成长通路的建设；

缺乏对员工进行激活的举措，单纯依赖外部学习和培训；

和工作实践相脱离，没有做到学以致用、学以致变；

…………

上述问题在企业员工开发中随处可见。特别是在基层员工的培养和开发方面，尤为严重。几乎有超过半数的企业都忽视了对基层员工的开发，这直接导致了企业根基不牢——企业基层人员流动率过高、基层员工缺乏对企业的忠诚、基层人员胜任力不能满足企业的发展需求……

如何实现对基层员工的有效开发，如何实现对占企业员工总数80%以上的基层员工的培养，是企业迫切需要解决的问题。

目前，国内不少企业已经意识到基层薄弱对企业发展的不良影响，开始强化对基层员工的培养。但是，对于如何开发基层员工、推进基层人才建设知之甚少。一些企业以为单纯依靠几场培训就可以提高基层员工的胜任力，所以做法往往比较片面，收效甚微。

我们认为，员工开发的土壤在班组，基层队伍建设离不开班组这个平台。

一、员工成长的摇篮在班组

一滴水，汇入大海，才能成其浩瀚；一个人，融入环境，才能塑造成才。开发软件需要一个运行环境，开发人也需要一个孕育平台，营造一个长效的成长环境。班组就是基层员工的孕育平台，员工在班组工作中汲取技能和经验，获得进步与成长。

要从"社会人"转变为"职业人"，员工需要在基层工作实践中塑造能力，在与人为友中强化沟通，在团队作业中培养协作，在不断成长中修炼自我。基层承担着不断向企业中高层输送人才的任务。很多企业的管理人员都是经过长时间的基层锻炼，才得以胜任企业管理工作的。

二、班组为员工发展提供支撑

人天生具有自我实现的冲动，需要平台和环境提供支撑。进行人才建设，就是要给员工搭建一个发展的平台，一个成就其才干的舞台。

人所处的每个小环境都是一个完整的生态系统。营造良好的工作环境，是员工能力得以充分发挥与提升的前提，也是个人职业发展的基础。由此可见，良好的班组环境对员工个人发展有很大的影响。

第一，班组环境影响着员工的情绪。钩心斗角、恶语中伤的环境使人抑郁烦恼，只有和谐的班组环境才能使人心情开朗、快乐工作。

第二，班组环境影响着员工的智力表现。一个友好的工作氛围可以让员工不必为人际间的微妙关系而劳神伤体，从而将更多的精力投入到工作的创新与发展中去。此外，班组合理的培训与激励机制也会极大地提升员工的职业素养与技能。

第三，班组环境影响着员工的行为。良好的班组环境可以让员工形成主动意识，在与环境的交互作用中获得兴趣、态度、情感、能力等方面有益于发展的体验，使消极、被动转化为积极、能动。班组成员在能动地适应环境时，还可以改造环境，充分发挥环境中的有利因素，克服并消除不利因素，更好地促进自身和同事的发展，创建一个适于全体班组成员发展的环境。

因此，基层班组进行人才的建设，不是单纯依靠几次培训就可以完成的，其核心是建设一个充满活力、和谐高效的组织。基层班组培育、开发员工，首先要给员工创造一个利于他们成长的环境和氛围。其次，将员工的开发和培育日常化，与工作紧密结合，在不断的实践和日常化的训练中，固化行为，激发活力，增强才干，实现价值。

第二节　班组人才建设从转变管理模式开始

> 环境开发人、培育人、塑造人，因此班组管理模式的升级应致力于人才成长环境的创建。

我国不少企业进行人才建设，还是奉行老一套的管理模式，导致人才成长速度严重滞后。

如何进行人才建设？我们根据多年培训及实践经验，总结出了四个要点：塑造员工职业化、修炼员工基本功、开发员工领导力、培养员工执行力。

一、塑造员工职业化——工场即道场，工作即修行

道场，原指高僧修行的地方，后被许多优秀企业引入企业管理中，用于员工职业精神、职业道德和职业行为的塑造。

日本企业对道场管理尤为推崇。道场管理思想奠基于德川幕府初建时期。当时，日本社会正处于从混乱到规范化的转型期，百废待兴。禅师铃木正三提出了"从业即修行"的口号，指出道场无处不在、无

所不在，人人恪守其业、各敬其业，就是修行。

铃木正三之后，很多日本企业家都大力倡导这个理念。道场理论深入企业文化中，形成了一种文化管理模式，不断地影响员工、塑造员工。员工在这种理念的指引下敬业、爱岗，尽力把工作做到极致、做到完美，把工作当成修炼自身、塑造自身、实现价值的载体。

而且，"工场即道场，工作即修行"的理念已经成为很多日本企业进行职业化教育和职业化训练的工具。松下、索尼等日本企业正是因为拥有敬业、乐群、修炼、行道的高职业化人才队伍，才发展为具有世界影响的大企业。

将道场理论导入班组，最适用的方法就是在班组内部搭建一个"场"，建设一个利于员工日常实践的管理环境，让员工通过不断的实践，实现对自身职业素养、职业行为和职业精神的塑造。

二、修炼员工基本功——"八全管理模式"

我们提出的"八全管理模式"，即全员有责、全员参与、全员思考、全员管理、全员创新、全员创标、全员实践、全员学习，既是基于员工"思、创、习、学"能力形成逻辑的科学管理模式，能充分调动员工积极性，又是开发员工、培养员工、促进员工基本功修炼最高效的管理模式。

第三章 班组人才建设——激活卓越班组的核心力量

思

	全员有责	全员参与	全员思考
定义	人人具备职业精神，工作即责任	人人有主题，人人有创意	促使智力资本价值最大化的有效方式
效用	敏锐的问题意识，强烈的改善意识，本能的参与意识	工作引发思考，工作引发讨论，事事提供建议，事事提供方案	员工的智慧是无穷的，整个组织都在思考
方案	职业文化再造，职业精神重塑	营造以强制性回馈机制与激励机制为核心的文化氛围	案例管理机制，提问型领导模式，教导型组织建设

创

	全员管理	全员创新	全员创标
定义	人人都管事，事事有人管	创新成为所有人的本能冲动	员工成为企业核心能力的代言人
效用	管理横到边，竖到底，事事有标准，时时有规程	有问题就有创新，有标杆就有创新	精英大众化，人人有绝活，人人树标杆
方案	自主管理型班组机制建设，制度公约化，决策民主化	培育创新文化，训练创新思维，营造创新氛围	充分激活员工的潜能，人人都有自我实现的空间和通路

学

	全员学习
定义	工作学习化，学习工作化
效用	问题即学习课题，工作例会即培训会，考核单即培训单
方案	建立现场透明化学习平台，使用即时分离模式和"人人是我师"的内部导师制，建立内部知识库

习

	全员实践
定义	人人以实践为师，向问题学习
效用	见任务就抢，有困难就上，以实践为成就自我、成就企业的基本诉求
方案	建立案例管理机制、行动学习机制、人本激励机制

图 3-1 "八全管理模式"基本结构

"八全管理模式"充分体现了以人为本的理念，能够消除现有管理模式下引发的消极对抗，激发员工的热情和活力。施行"八全管理模式"的班组，员工不再是班组管理的旁观者，而是主动参与者；不再是被管理者，而是管理者。员工的潜能在主动参与中被激活和开发，员工的胜任力在不断学习和实践中获得提升。

1. 全员有责

责任是成长的动力。全员有责强调员工责任意识的培养、职业精神的修炼。

全员有责强调班组中人人应具备敏锐的问题意识、强烈的改善意识和积极的参与意识，鼓励员工在工作中发现问题、正视问题并解决问题，对于任何事务都一丝不苟，对每一个环节都投入关注，敢负责、敢担责，在责任中不断成长。

2. 全员参与

全员参与，即所有员工积极主动参与到班组的每项工作和事务中去，事事提供建议、提供方案，在参与中认知个人角色，确立自我定位。

全员参与要求在班组中建立强制性回馈机制和激励机制，促使每名员工都能把积极主动修炼成人生习惯，在参与实践与回馈实践的过程中，炼能力，修品行，确立发展方向。

3. 全员思考

思考是不断进步的阶梯。全员思考强调员工问题解决能力的修炼，并发掘出改善点。

思考是促使人的智力资本价值最大化的有效方式。员工的智慧、创造力是无穷的。全员思考，即人人都思考，在思考中修正逻辑，在分析中厘清关系，在研讨中借鉴经验。班组内部组织员工就每个问题展开思考，就每种现象仔细分析，然后交流碰撞，群策群力，找到改善点。班组实践中，以案例为师，以问题为师，通过对案例、问题的分析，在潜移默化中修炼员工的思考能力和问题解决能力。

4. 全员管理

人人都管事，事事有人管。全员管理强调员工主人翁意识的培养。

班组管理要竖到边、横到底，不留任何管理死角；要确立事事有标准、时时有规程的管理细则，以公约化的制度和民主化的议事方法，培养每名员工的主人翁意识，使人人参与到管理当中，各尽其责，各尽其能。

5. 全员创新

创新的本质是进取，进取的本质是长效发展。现代企业的班组，注重的不仅仅是员工的执行力，还有创造力。如何才能激发全员创新呢？要给员工充分的自主权，鼓励创新，允许出错，培育创新文化，训练创新思维，营造创新气氛；确立有问题就有创新、有标杆就有突破的理念，发掘工作中的"每日一新"，人人找到一个问题点、一个改善点和一个创新点；在班组日常开展的工作总结中，对每个总结都要找到三个成功因素，再发掘三个可以改善创新的地方，以训练员工的创新思维。

6. 全员创标

员工是企业核心能力的代言人。全员创标强调员工岗位技能的修炼，鼓励创造自我价值。

全员创标是精英大众化的表现，可以激活员工的潜能，使班组成员都有自我实现的空间和通路。

在班组管理中，基于每名员工的岗位，发掘其岗位技能特长，并将该特长训练成为个人的绝活，开展绝活创建大赛，以绝活命名来赋予员工荣誉，让班组成员成为金牌员工、成为班组的标杆。

7. 全员实践

全员实践强调员工动手能力的修炼。实践是检验真理的唯一标准，也是快速提升能力的唯一方法。社会学家认为，人类90%的能力源于实践。没有实践，就是纸上谈兵；没有实践，就没有发言权。

培养员工，"行动学习法"是行之有效的方法之一，即在做中学、做中练，从做中获得提升。实现全员实践，需要给员工充分实践的机会，赋予员工新课题、新任务，并提供相应的实践支持，让员工以实践为师、修炼核心能力。

8. 全员学习

全员学习强调员工学习力、成长力的修炼。

学习如逆水行舟，不进则退，它是一种需要终身进行的行为。通常情况下，团队学习的功效要远远大于个人。全员学习，就要积极创建学习型组织，把学习日常化、组织化、持久化。工作本身就是学习，我们可以把工作例会当成培训会、研讨会，把工作中发现的问题当成学习的课题，把考核单当成培训单；可以在工作现场搭建充分透明的学习平台，强化及时分享的学习模式，在分享中获得全员学习力的提升。

总之，班组要进行人才建设，充分进行员工开发、员工培养，塑造最适合企业发展、满足企业要求的人才，就必须在管理模式上进行升级，以"八全管理模式"取代以班组长一人为核心的传统管理模式。

三、开发员工领导力——轮值管理

轮值管理，即在一定周期内赋予员工特定的责任和权利，使其在相关岗位上承担责任、行使权利、履行义务。员工参与轮值管理，是全员管理思想的延伸和具体体现，也是现代企业管理中正在探索和实践的新型管理模式。

1. 轮值管理是一种换位思考

在班组中推行轮值管理，是一种消除惰性、变消极被动为积极主动的换位思考。俗话说，位置决定眼界。意思是，人只有处在一定的位置，才能有相应的思维和对事物相对的认知。把普通班组成员放在班组管理者的位置上，班组成员才会了解班组管理的繁杂性和重要性，才能提高认识、转变思想，才能对自身的责任和义务有更深入、透彻的认知。

塑造自我从认知自我开始，员工以管理者的角度看问题时，自身潜质会被激化、被开发，思维和意识也会发生良性转变。员工有了管理者的思维和管理者的认知，也就具备了修炼自身领导力的基础。

2. 轮值管理是一种创造性体验

人都具有主动向好、努力成就自我的特质。当普通员工被赋予新的责任，要从事超越自己过往经验或者自己常规能力范围的新工作时，他们通常会显现出超凡的创造力，竭尽全力把工作做好来证明自己的价值。在遇到问题、解决问题的过程中，每个行动对轮值者而言都是新创造、新体验。

在班组中推行轮值管理（如图3-2所示），是员工领导力修炼最好的途径之一。轮值管理赋予员工的是管理者的责任和任务。参与轮值的人员，在管理者的位置上开展管理工作，所创造、所体验的是自身的领导力和影响力。

质量轮值表

RBD

轮值质量员职责

1. 负责当班各机床加工产品点检表基本内容的填写（除首、自、巡检由操作者填写）。
2. 在工艺卡上对易出问题的地方作警示标示。
3. 监督当班班组成员做好首、自、巡检并填写好点检表。
4. 轮值质量员不对当班质量事故负责。

* 轮值质量员每周设两名，白班、晚班各一名。

本周轮值质量员：

    白班：

    晚班：

（五）作业标准化：实行点检表，加强首、自、巡检力度。

产品订单号	尺寸	表面粗糙度	自检	首检	巡检	特别提示
刃径						
刃长						
柄径						
总长						
跳动						

图 3-2 某班组开展轮值管理的轮值表

四、培养员工执行力——动态激励

优秀的人是被激励出来的。每家企业都有自己的激励模式和激励制度，不同的组织不尽相同。

激励分静态激励和动态激励。静态激励一般以施行奖金制度、处罚条例等为主；动态激励则是依据企业特性、环境变化和员工工作的实际动态，及时给予相应的激励和嘉奖，即时时激励、时时嘉许。

当下，很多物质激励在企业中沦为刺激的手段，精神激励方式则被越来越多的企业关注和运用。班组激励模式应该重点关注员工的能力成长需要和自我实现需要，关注员工的深层次精神需求。

对于基层班组而言，应该大力实施动态激励模式。动态激励在班组管理中的具体体现为：充分授权、充任信任；对于员工的工作进展给予足够的关心和帮助；对于员工的工作亮点及时激励，对于员工的工作成绩及时表彰，为员工的工作改善提供最大限度的资源支持，让员工不再畏首畏尾、患得患失。持续的动态激励所带来的将是员工行动力的大大增强。

第三节　班组人才建设的具体操作和实践

班组长要以日常训练塑造员工核心能力，以长效机制确立员工成长通路。

为什么短暂的培训解决不了一线人才匮乏的问题？为什么员工没有和企业一起获得成长？很显然，突击培训解决不了员工核心能力不足的问题，要使员工获得成长，企业必须有培育人才的机制和环境。

班组人才建设，就是要创建一个班组人才培养和开发的环境，用日常化的训练来塑造员工的核心能力，用长效的培养机制为员工开拓一条成才之路。

案例

刘宁是某企业的 HR 经理。由于企业发展迅速，新的产品线接连上了好几条。随着新产品线的运行，基层人员的数量和人员能力结构与企业的发展严重脱节，企业急需大量技术熟练又具有高职业化素质的一线员工。

刘宁一方面从各个渠道组织招聘，另一方面重点对现有一线员工进行技能培训。遗憾的是，连续强化培训了好几次，这些员工还是达不到要求。员工的技能提高了，主动性却不强；技术熟练了，责任心又出了问题……刘宁努力找原因，发现单纯的突击培训不能解决人员胜任力弱的问题，问题的关键是缺乏培养一线人才的环境。与几名员工聊天后，刘宁了解到，一线班组工作太忙，大家平常很少有学习机会，班组气氛沉闷，没有活力，缺乏促使员工成长的环境。

了解到这些问题，刘宁陷入了沉思……

进行班组人才建设，具体有哪些方式方法呢？下面我们来详细介绍。

一、工作学习化，学习工作化

对于一线班组成员来说，工作以实操性为主，真正有效的知识和能力大多源于工作本身。

基层班组人才建设中，提升员工能力最有效的做法是在做中学，即我们一直所倡导的"习学"理念。习是实践，学是吸收、总结和应用，也就是"学习工作化，工作学习化"。

1. 工作与学习的融合

"工作学习化"是指对工作进行及时的反思和总结，将工作的过程看作学习的过程，把工作中遇到的难题当作课题、学习内容。

"学习工作化"是指将学习的内容与实际工作相结合,把自己从事的工作当作学问来研究,在工作中学习,在学习中实践,把学习等同工作一样要求、一样对待,有目标、有计划、有措施地开展学习,检查学习进度、学习效果。

"工作学习化,学习工作化",这二者相互融合,不可分离,都是员工提高自身素质、实现自我价值的内在要求。

2. "工作学习化,学习工作化"的应用基础

"工作学习化,学习工作化"在班组人才建设中的应用首先基于三大转变。

(1)把工作问题变成研究课题——以问题为师

没有问题就是最大的问题。通常情况下,我们会在工作中遇到不少问题,而且有些是无法避免的。既然无法避免,我们应做的就是积极对待,把每个问题都当成一个学习课题,通过解决问题来提高思维能力、分析能力和创造性解决问题的能力。

案例

小王是某班组的新进车工,经验少,技术不熟练,却很善于钻研。车工在工作中经常会遇到车制工件平滑度不够、倒角容易损坏刀刃等问题。小王身边的人遇到此类问题往往丢给技术员解决,小王却把问题都记下来,一有时间就琢磨,还向经验丰富的老师傅请教。此外,小王下班后还会寻找废料进行试验,寻求解决的方法。

一年后，厂里举行了"技术大比武"，小王在操作比赛中得了一等奖。很多同事好奇小王是怎么做到的，小王拿出了一个厚厚的笔记本跟大家分享。本子上密密麻麻地记录了车加工中容易出现的几百个问题，而且每个问题的后面都有详细的操作规程和解决方法。小王还给它起了个名字，叫"问题手册"。

工作中的问题层出不穷，找到问题就是找到了能力修炼的老师。

（2）把总结会变为成长会——以反思为师

基于反思的总结是对工作成果的完善和提升。

班组工作中，每完成一项工作都要进行总结，班组的工作总结会就是最好的学习会、成长会。分享成功经验，总结失败教训，挖掘成功和失败的每个要素，借鉴成功的，规避失败的，这本身就是最好的进步和最大的提升。

案例

某班组规定每周定期召开工作总结会，并在总结会上提出"总结三宝"：横向和同事、工友对标，向他们学习，找到差距；纵向与自己过去的工作成绩对标，看是否有提升，是否有进步；最后是反思，即反思哪些地方做得好，哪些地方还需要完善，并指出下一步的行动计划。这样的总结会变成了学习会，每个人都从别人和自己的总结中学到了经验和教训。

（3）把同事工友变成切磋对象——以工友为师

"三人行，必有我师焉。"智慧的人总是善于从身边汲取更多的智慧。

身处班组，自己身边的人和事往往是最好的学习素材。工作中每天都会遇到很多事情，如何处理，每个人都有不同的经验和方法。学习别人的成功点，找到启示和借鉴，就是在丰富自身经验，提升自身能力。

班组内同岗位之间的学习，是最便捷的学习，利于岗位技能的迅速提高和工作协调度的增强。

班组长应深刻认识到此三大转变的意义，并将其运用到班组学习实践中，增强班组成员的主动学习意识，营造班组内积极学习的氛围。

3. "工作学习化，学习工作化"的日常化训练工具

（1）"每日一题"——学习生活化

每天组织大家拿出一定时间开展集体学习，是"学习日常化，学习生活化"的直接体现。这个方法克服了基层员工学习时间不足的困难，把学习分解到每天。每天学习一点点，每天进步一点点。日积月累，厚积薄发，实现知识储备和学习力的双重增长。

具体运行指导：

在班组早例会上，每天拿出 15 分钟左右的学习时间，选取和班组工作息息相关的学习内容，由班组成员轮值，组织大家学习。学习形式多样，可以是新知识、新信息的传播，也可以是工作技能的演练。学习内容在一定时间段应保持连贯统一。

（2）"每日一例"——思考中学习

案例是训练分析力、思维力最好的工具之一，也是传播经验、解决问题的有效工具。在每天的班组晚例会上进行案例讨论，用"身边的人、身边的事"直接影响、改善班组成员的思维、理念，提升班组成员的实际工作能力。

具体运行指导：

组织班组成员在每天的班组晚会上把当天工作中未解决的各种问题、难题变成案例，使每个人都参与分析，并提出具体的解决思路和方法；将当天的工作成果选为案例，组织大家就该成果分析成功要素，总结成功经验；将每日讨论的结果记录下来（如图3-3所示），并付诸实践。

（3）"每日一新"——超越中学习

激发人人创新，督促日日革新，是全员创新的具体体现。培养班组成员的创新意识，鼓励不同形式与程度的创新，可以培养人才、强化能力。

具体运行指导：

倡导班组成员每天从工作中发掘一个问题，就该问题找到创新点和改善点，重点训练创新的思路，关注改善的进程，并将改善和创新行为及时与大家分享，以获得多角度的实践补充，获取协作创新的支持和资源。

4. 建立班组的学习平台

我们要建立班组共有的学习和交流平台，利用平台加快知识、技能、经验在班组成员之间的传播和复制，为每个人创造不断学习、不

我们的精神家园

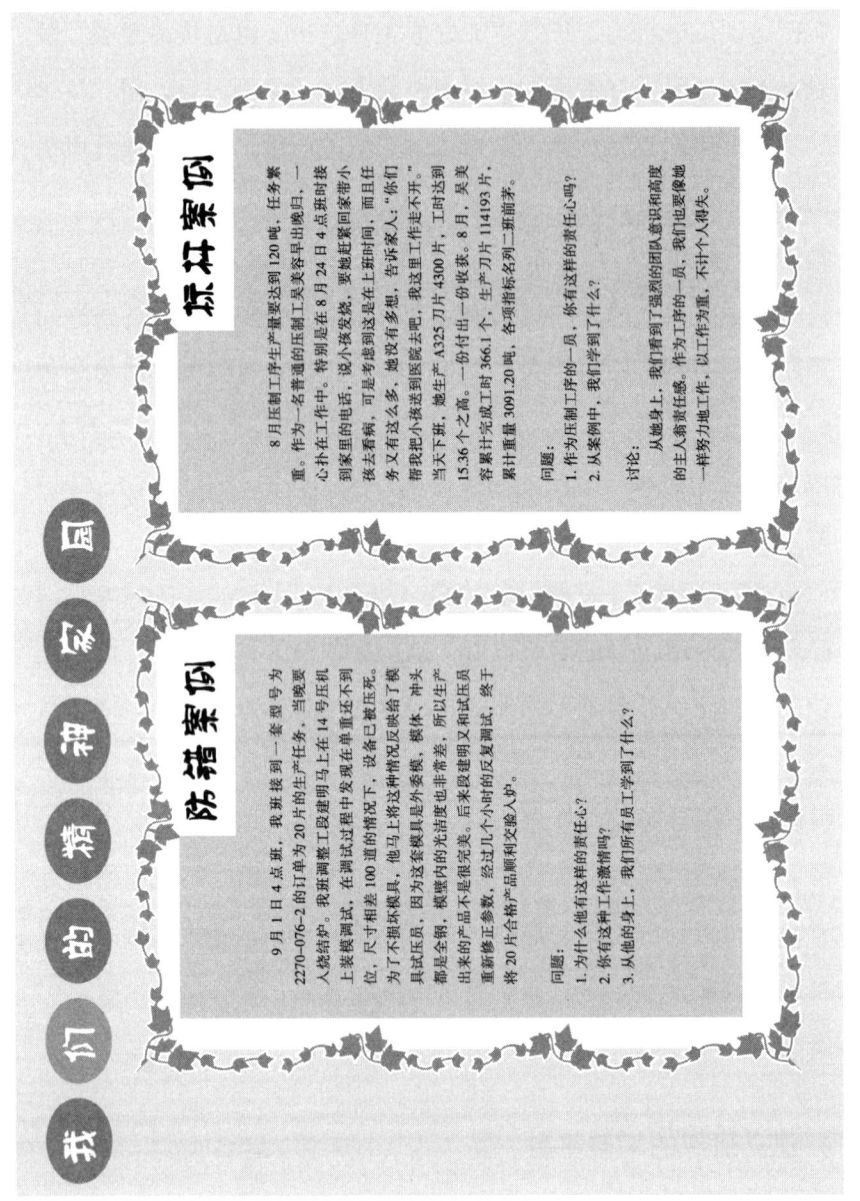

标杆案例

8月压制工序生产普遍要达到120吨，任务繁重。作为一名普通的压制工 吴美容早出晚归。一心扑在工作中。特别是在8月24日4点班时接到家里的电话，说小孩发烧。要她赶紧回家把小孩带去看病，可是考虑到这是在非时间。而且任务这么多。她没去医院去吧，告诉家人："你们带把小孩送到医院去吧，我这里工作走不开"。当天下班，她生产A325万片4300片，工时达到1536个之高。一份付出一份收获，8月，吴美容累计完成工时366.1个，生产万片11419.3片，各项指标名列二班前矛。累计重量3091.20吨。

问题：
1. 作为压制工序的一员，你有这样的责任心吗？
2. 从案例中，我们学到了什么？

讨论：
从他身上，我们看到了强烈的团队意识和高度的主人翁责任感。作为工序的一员，我们也要像她一样努力地工作，以工作为重，不计个人得失。

防错案例

9月1日4点班，我班接到一套型号为2270-076-2的订单为20片的生产任务。当班要人烧结炉，我班调整工段建明马上在14号压机上装模调试。在调试过程中发现马上在单重还不到位，尺寸相差100道的情况下，设备已被压死。为了不损坏模具，他马上将这种情况反映给了模具试压员，因为这种装模具是外委的，模头、冲头都是全钢的，模腔内的光洁度也非常差，所以生产出来的产品不是很完美。经过几个小时的反复调试，重新修正参数，品质顺利交验入炉。将20片合格产品顺利交验入炉。

问题：
1. 为什么他有这样的责任心？
2. 你有这种工作激情吗？
3. 从他的身上，我们所有员工学到了什么？

图 3-3 某企业班组开展"每日一例"讨论后所形成的案例

断提升的氛围。如建立班组的学习看板，把重要的知识点、技能训练的要点、成功的做法和经验更新到看板上，进行大范围的交流和传播，促进每名员工进行学习和提升。

5. 建立班组人才建设知识库、教材库和案例库

我们还要将"每日一题""每日一例""每日一问""每日一新"的运行内容进行整理和汇总，分别形成班组的知识库、教材库、案例库，以电子文档等多种形式呈现于班组网络化学习平台，供大家分享和持续学习。班组也可根据成员的需要将其制成工作指导手册（纸质版）、工作指导视频等。

二、管理即培训，培训即管理

班组人才建设离不开员工培训，培训不仅在课堂上展开，更应该在工作现场进行。问题现场和实践现场的培训，正是培训管理一体化的体现。

1. 把管理变成培训，用培训替代管理

进行人才建设，管理者首先要转变思维：把管理现场变成培训现场，把管理会变成培训会。培训是管理的手段，管理是更好形式的培训。

员工是管理者的镜子，没有无能的员工，只有失职的管理者。所以，班组长要把管理和育人相结合，用管理行为来开发人、培养人。

2. 在人才建设中的具体应用

（1）能力训练"教练制"

开发培养班组的人才，班组长首先应成为员工的教练，把管理行为转化为教练行为、培训行为。教练式管理者区别于指挥式管理者和告知式管理者，更注重在管理过程中对员工知识的传授和技能的训练。

行动：教练式班组长首先是行动者，能够身先士卒、身体力行，主动带领员工开展工作。

辅导：教练式班组长是辅导者，对员工的实践提供技术、技能、方法、经验等方面的辅导，在辅导中培养员工的工作技能和实践经验。

传授：教练式班组长是传授者，是技术全面、技能高超的技术标兵，有实力"教"，能把自己的知识、技能、经验传授给员工，培育员工的工作能力与职业素养。

支持：教练式班组长还应该是支持者，支持员工的改善创新，宽容员工的错误和疏漏，给员工持续的激励和信任，给予员工充分的自主权，为员工提供实践、成长的机会。

训练：教练式班组长更是训练者。组织比赛是训练最好的形式之一。通过挑战性的比赛，员工的潜能可以被激发出来，他们也会发现自己的长处和不足，从而主动学习、创新，这比反复地说教更有效。

案例

班组长老高是教练式管理者的典范，在班组里被大家尊称为高老。担任班组长十几年来，老高一直扑在生产一线。工作上出了问题，他几天几夜不休息，和班组成员一起分析原因、找对策；新员工技术上不熟练，他主动为新员工讲工艺、做示范，一直到员工熟练为止；班组接到新任务，他亲自带领几个年轻人搞技术攻关，鼓励年轻人大胆去干、去创新，并提供一切支持。

十几年来，从老高班组走出去的技术骨干有几十人，其中一人还做了企业的总工程师，老高班组成了名副其实的骨干班组。

（2）人才建设"导师制"

教练和导师的区别在于，教练侧重于对人的技能、行为的训练，以练代教；导师则注重从人的思想方面进行引导，注重对人思维的训练和行动方向的引导。

东软集团的人才建设倡导"导师制"。新员工进入东软集团伊始，东软集团就会安排一名资深员工担任他的导师，既负责提高其业务水平，又负责解决其生活问题、思想问题，帮助新员工明确定位和发展规划。导师一般由员工的直接上级担任。导师会根据人员不同的特点、不同的发展阶段、不同的能力需求，进行不同的指导。新员工充分成长起来之后，也要担任其他人的导师，把自身成长过程中的经验传授给下一批新员工。

班组内人才建设，不仅要注重对员工个人技能的训练，更应该注重对人内在热情和思维的引导，提供给员工长效发展的规划和支持。虽然员工心态与技能的发展并没有一定的程序，但在培养员工的过程中，我们必须注重情感的激发、引导，让他们从习惯性、经验性地工作转为自主性、趣味性、创造性地工作，在积极的工作气氛中形成健康的心态，逐步升华思想，提升素养。

三、互动中学习，反馈中学习

人的成长离不开环境的力量。环境开发人、培育人、塑造人。互动式学习、反馈式学习强调的就是在班组中健全人才成长的环境，人在与环境互动、对环境进行反馈的过程中所获取的信息量通常是常规个人学习的很多倍。

互动式学习、反馈式学习应用于班组人才建设，即营造即时分享、即时互动的环境氛围，每天在员工之间组织开展"互动—反馈"的分享活动，把即时分享当成一种习惯。

开展"互动—反馈"式分享活动要注意如下几个关键点。

1. 善听——在"听"中吸收

班组长要组织大家对每个有价值的思想、好的做法和工作问题进行即时分享。分享的过程中，首先要善听。善听的基础是开放心态，空杯接收。善听就是把分享者当成自己的老师，在听的过程中吸收所需，听出逻辑，听出思维，听出成功因素，听出价值。

2. 善说——在"说"中转化

善说就是要在分享中表达、陈述、反馈。说是一个主动反馈的过程，也是一个双向交换的过程。

班组分享活动中，班组长要组织每名班组成员就别人的分享主动给出反馈。反馈的过程正是转化的过程，也是补充完善、碰撞融合的过程。班组长要鼓励员工多说、大胆地说，说得越多，吸纳转化的知识、经验就越多。

3. 善做——在"做"中实践

形成能力最好的方法是做。做是练，是实践，是强化。每次分享，要就问题提出行动解决方案，要就别人的成功经验提出行动转化计划。知道了不等于会做，会做不等于能做好。分享互动中的价值、经验、方法最终能否转化为实际的能力，全部基于做。

所以，班组长要关注分享交流之后每个人做的过程，即关注行动转化的过程，并及时给予支持，对行动转化到位的员工，还要进行及时的激励和表彰。

4. 善感——在"感"中提升

"感"是启发思考、回顾总结的过程，是反思、梳理、提炼的过程。"做后感"即做后的总结，在总结提炼中找到可以做得更好、更完善的地方，对经验进行汇总，提升实践能力。

班组长要善于引导员工及时总结。每项工作完成之后都要有总结，及时积累经验、规避问题，为下一步的工作做好铺垫。

"听、说、做、感"是班组培养员工简单有效的方式，是人与环境在"互动—反馈"中创建能力的科学逻辑。"听、说、做、感"四个环节环环相扣，形成一个知识能力螺旋上升的闭环，看似简单，实则具有很直观的功效。很多班组在日常化的应用中都取得了很好的成效，员工之间日常性的"互动—反馈"为班组构建了高信息量的学习成长环境。

四、人人有特长，人人有绝活

人人有特长，塑造技能型员工；人人有绝活，塑造金牌型员工。

人有发展和竞争的需要，班组人才建设就是要发掘员工求发展、求上进的需要，给他们提供成长的环境和自我实现的舞台。只要方法得当，每个人就都可以成为班组发展所需的特长员工、绝活员工。那么，怎样发掘每名员工的潜质，将员工培养成特长员工、绝活员工呢？

1. 明方向，找定位

俗话说，知人善任。人才建设，首先要有一个"知人"的过程，即了解员工的个性特点、兴趣爱好和能力结构，帮助员工确定未来的发展方向，找准每个人在班组工作中的定位，明确个人能力建设的目标和个人职业发展规划。

很多人认为，一线班组成员没什么定位和规划可言，这正是企业忽略培养基层人员的根源。现代班组不同于几十年前的班组，班组人员的知识结构正在逐年提升，特别是在很多国有大中型企业中，新招聘进来的大学生很多都会直接进入基层班组锻炼，帮助这些潜在的人才正确定位、明确规划，是企业留住他们、把他们转化为骨干的第一步。

2. 通过胜任力测评找差距

现在，员工胜任力的测评工作在很多企业都受到高度重视。一线员工培养，同样要基于员工胜任力的测评。测评能够帮助企业找到员工目前的长处和能力短板，确定下一步的员工培养计划。

进行班组人才建设，要基于每名员工目前的岗位职责对其胜任力进行测评，重点培养员工擅长的技能，挖掘其特长，使该特长发展成为该员工的岗位绝活。针对员工的能力短板，班组可以组成"1+1"帮扶小组，在工作中强化训练，加以弥补和提升。

3. 创建基层员工的成长地图

成长地图即结合胜任力测评的结果，组织每名员工制订自己详细的能力建设与成长计划：确立每个训练和成长阶段的目标，并把目标分解到每个时间段；明确实现此目标的每项能力要求，以及和该项能力相关的学习及日常训练计划，同时针对每项能力计划，找到自己的辅导人、教练。

成长地图创建完成之后，要公开化，挂在班组的目视看板上，或者放在网络的信息化平台上，以便对每个人起到时时提醒的作用，促进其时时修正。对于每一阶段的能力建设成果，要组织大家在班组内进行评价，让每个人先进行自我评价，再相互评价，最后确定每一阶段每个人的成长评估等级，并且可与岗位等级评定相结合。

4. 行动中学习

行动学习法是被很多企业不断运用的人才培养方法，即在班组内根据班组成员不同的任务，确立几个行动课题小组，确定任务目标，明确各小组的角色和职责分配，通过班组共同的实践和行动，达成知识共享、能力共建的目的。

业界实例

博维基层班组人才建设举措

北京博维航空设施管理有限公司（以下简称"博维"）隶属于首都机场集团，是国内第一家以运行维修维保机场设备、承接机场专业工程为主的专业化合资公司。

随着业务的快速发展，公司员工队伍日益壮大，用工形式也随之多元化。为提升广大员工的职业技能素质，抓好基层建设，八九点应邀为博维开展为期一年的"班组长胜任力提升与班组建设咨询师内训"服务。

该项目以建设基层班组长的胜任力为核心，通过深入现场调研，结合博维班组长面临的最迫切的问题，重点进行了培训。

培训结束后，如何进行培训效果转化呢？

八九点项目组为博维制订了切实可行的效果转化计划和行动纲领，并全程辅导实施，使培训现场产生的案例、行动改善计划能够真正付诸实践。在培训课堂之外，还建立了多种人才能力建设通道，持续推进人才建设活动。

一、贯彻"工作学习化，学习工作化"的基本理念，在实践中学习

在培训效果的转化过程中，博维坚持贯彻"工作学习化，学习工作化"的理念，各个班组针对自己的工作特点，成立了学习工作组。培训管理部门和八九点专家队伍共同抽调人力，为培训绩效转为工作绩效提供资源支持和辅导，利用岗位工作活动将培训中形成的技能转化为实际的应用,将培训中形成的行动改善计划落实为具体的工作举措。

根据班组队伍新、人员年龄小、知识技能有专长的特点,以及公司倡导深度维修的理念,指导员工运用培训中学到的案例管理法进行自我能力修炼,即找到工作中的问题点、价值点、成功点和改善点,将问题、经验等制成案例,与班组成员分享和讨论,将案例讨论的结果进行汇总,促进了班组能力的整体提升,也带动了员工学习的积极性。班组中形成了"人人自主学习""我要学习"的良好氛围。

图 3-4 班组实践式学习

二、定期开展"每日一例""每日一讲"等活动

围绕培训效果的转化,博维以创建学习型组织为载体,在各个基层班组内部开展了"每日一例""每日一讲"等丰富多彩的活动,进行探究式学习。

"每日一例"要求班组每天组织大家讨论一个案例,在案例讨论中提升思维能力和问题解决能力。

"每日一讲"重在培养员工的教练能力，要求员工轮流就工作相关方面的课题进行讲解，在讲解中提升自己的综合能力。

尤其是T3航站楼行李、捷运两大系统，各班组根据运行状况和运维实际，成立了以探究专项运维疑难问题的攻关小组，群策群力，解决了行李配电柜缺陷、四级安检行李量大、岛头行李输入不规范、捷运列车丢失信号、拉弧、推力丧失、站台停车泊位不准等问题，提升了保障能力。

三、丰富学习载体，在互动中分享学习

在班组建设过程中，各班组着重围绕员工学习能力的培养，建立了具有可操作性的学习载体，拓宽了学习渠道。

信息保障部采取部门买书与员工自愿捐书相结合的形式组建了图书室，最大限度地为员工创造学习机会，使员工不同领域、不同层次的学习需求都得到了满足；专机保障特勤班组利用蓝信作为学习交流的工具；"金话筒"把新媒体平台作为员工学习新技能、改进工作方法的新路径。各班组还充分利用案例这个简单有效的学习工具，构建了班组案例库，使员工在工作中能够随时学习。

为保证学习效果，不少班组建立了学习反馈系统，培养员工善于思考、善于分析和善于纠错的良好素质。

客桥服务部的"七彩馨诚"班组开展了"抽题式业务问答"活动。在该活动中，抽查者会针对抽查过程中遇到的问题进行现场讲解和纠正。这不仅巩固了员工的业务知识，而

且有效地提高了他们的操作技能和应急处置能力。

四、收集班组人才建设的工具、案例资源

在长期的班组管理实践中，博维各个班组注意收集和积累大量的班组管理案例，不少班组借"每日一题""每日一例""每周一测"等活动，督促大家温故知新，学以致用，保证了学习效果。他们还将班组工作中出现的各种问题收集汇总起来就能做成最好、最贴合企业实际的人才培训教材。博维不但制作了各个班组的班组长案例管理手册，还建立了适用于新员工培训、班组人才建设的工具与案例资源库。

博维所采用的形式多样的培训效果转化方法，不但实现了培训课堂中所学知识能力在工作中的转化，还在实践的过程中为企业培育了大量优秀的基层人才。

点评：

培训是当前班组人才建设中最普遍的方法，但员工能力形成的关键不仅在于培训课程，更在于培训后的转化和实践。以实践为师，将人才建设与日常实践结合起来，是班组人才建设的关键。

第四章

班组透明化管理系统建设
——搭建卓越班组的"三公"平台

第四章　班组透明化管理系统建设——搭建卓越班组的"三公"平台

任何管理模式背后都隐含着文化的力量，它是文化的载体和体现。透明化管理是以人为本的现场管理，是基于文化管理和行为管理的一种工具。透明化的监督和提醒，可以对工作进行全过程、全方位的管理，使员工能够自发地开展自我管理。透明化管理，可使每名班组成员在信息透明、信息共享的基础上，依照相应的制度和准则，建立行为规范，树立工作和发展的目标，并在相互沟通与激励之下发现和解决问题，达到自主管理、自主创新、自我提升的功效。

第一节　为什么要建设班组透明化管理系统

透明化管理是对目视化管理的全面升级，是信息时代下管理的大势所趋。

某权威机构调查显示，日常生活中，视觉感知带动了人们60%的行动。因此，在企业管理中，目视化管理工具用来强调工作中的各种管理状态、管理方法和制度规范，使其清楚明了，从而促进员工自主地理解、接受和执行各项工作。

什么是目视化管理呢？目视化管理即利用视觉化工具，以颜色、文字、图表等方式，传达必要的信息，提醒相关人员遵守或注意。目视化管理工具在生活中随处可见，如指挥交通运行的红绿灯、引导行人过马路的斑马线等。

工作现场的目视化管理，是对作业现场的进度状况、物料或半成品的库存量、品质不良状况、设备故障、停机原因等以视觉化的工具进行预防管理。

早在20世纪70年代末，长春一汽（即现在的中国一汽）率先学习日本丰田公司卓越的现场管理系统，用以改造自己的制造现场，随后便引发了国内企业长达几十年对丰田模式的学习热潮。也正是从那时候起，很多企业第一次接触到"看板管理"这个新鲜的词。

在丰田模式中，一个重要的组成部分就是"看板管理"。在丰田的生产现场，质量看板、生产看板、库存看板等成为丰田卓越现场的重要保障。看板能对信息进行及时、准确的传达，因而成为提示和激励员工开展工作的工具。丰田的看板管理是企业透明化管理的雏形。

海尔在借鉴丰田管理模式的基础上，对看板管理又进行了创新，将管理看板和文化建设相结合，落实和体现在基层班组建设和班组管理当中，如海尔的文化墙、职工漫画墙、综合管理平台、员工合理化建议看板、日清看板、SBU（strategic business units，战略业务单元）看板等，形成了海尔独有的目视化管理系统。

如今，目视化管理系统已经成为很多企业采用的一种管理手段。

丰田的管理看板就是很好的视觉化工具。目视化管理实施得如何，很大程度上反映了一家企业的现场管理水平。无论是在现场，还是在办公室，目视化管理均大有用武之地。在领会其要点的基础上，大量使用目视化管理将很好地促进企业内部管理。

遗憾的是，一些企业的目视化管理却很难实施到位，因而抱怨丰田管理模式"水土不服"。事实上，这些企业忽视了对问题本源的深入探究。

一、目视化管理在班组中运行不到位的原因

对标丰田模式，我们就会发现，丰田模式不仅仅是精益管理思想的精准执行，更是一种文化。在丰田的生产现场，这种文化已经固化到每名员工的思维和行为中，所体现出来的是人人争当解决问题的专家。以丰田模式为基础的目视化管理更是如此。

一些企业却存在着目视化管理实施不到位的问题。这是什么原因呢？根本原因在于员工对工作的推诿、逃避、拖延和对标准、规则的漠视。这些属于典型的人性弱点。帮助员工克服这些弱点，驱除惰性，提高他们的工作热情，就要倡导员工进行自主管理、自主学习。这是未来企业成功的模式，也是管理工作的最高层次、最高境界。

此外，目视化管理在不少企业班组中执行不到位的一个重要原因，就是单纯依赖目视化的看板管理不足以形成对人的监督和调动。

透明化管理模式的建设则是基于对人性的考虑，是针对人的弱点采取的机制化的管理手段和管理工具。

以往的目视化管理一味强调现场管理工具的使用和目视化管理技术的应用，并没有充分地考虑人的因素。殊不知，目视化管理工具只是透明化管理的载体和平台，是透明化管理的主要表现形式，而透明化管理的主要因素是人，只有将员工的精神需求和企业的文化相结合，

才能形成时时对照、时时提醒、时时监督、事事比较、人人参与、人人管理的模式。

二、透明化管理的三大功效

企业的成长有赖于基层班组的成长，企业的改变也有赖于基层班组的改变。基层班组缺乏高效活力，企业则无法快速成长。

班组施行透明化管理，能实现三大功效。

1. 保障信息的高效传递和组织内部的高效沟通

透明化管理使得信息的传递更加顺畅，企业的各项方针和目标能够及时准确地传达到基层班组。透明化管理也促进了班组与上级之间的沟通、班组内部之间的沟通，工作和管理信息的公开使得沟通双方都能够开诚布公。

2. 调动人的积极性，变被动管理为主动管理

透明化管理使得每名员工对于自己的工作职责和工作目标更加明晰，能够明确自己的工作内容和工作标准，从而更好地把握自己的工作进程，有目的地工作，掌握工作的主动权。

管理和工作的公开化又使得每名员工都能够对身边的人、身边的事进行监督，在工作现场形成"人人都是管理者，人人都被管理"的氛围。

3.明确自身差距和缺陷，促进工作不断完善

透明化管理强调工作和管理中的信息完全透明和公开。在绩效透明的背景下，每名员工都会在不断与周围的人对标的过程中，清晰地看到自己的能力和绩效方面的不足。透明化管理形成的时时提醒、时时对标、时时监督的机制能够促使员工不断改善、不断提高。

随着数字经济的发展，企业已经被推到"透明化"的前台，企业的透明和公开程度成为企业形象、社会影响力、公信力的体现。信息的交错激增、多向传播，使得原有的不公开、不透明的管理模式越来越不适应企业的发展，在企业中建立"公开、公正、公平"的管理平台已经成为人本化和社会化的迫切需求。

第二节 透明化管理推进"三公"平台建设

公平感很重要,人天生具有追求"公平感"的特性。

如何缔造员工的公平感?最好的办法就是遵循"公开、公正、公平"(即"三公")的原则进行管理。而要实现"三公",就要将信息完全透明化,建立透明化的管理体系。

案例

又到了某公司发年终奖的时间。受市场环境的影响,该公司本年度的经营业绩很不理想,没有完成董事会下达的目标。但是,出于提升士气的考虑,董事会最终还是决定拿出部分资金用于奖励。

奖金发下去之后,"收成"不错的市场部经理老A递交了辞呈,综合部主管小B则不断去找人力资源部经理,抱怨数额太少。大部分人则不停地发牢骚,猜测着彼此的奖金数额。本来,公司按时发放年终奖是为了提振士气,没想到士气不

第四章 班组透明化管理系统建设——搭建卓越班组的"三公"平台

但没有提升，反而大打折扣。总经理看到这种现象，马上组织企管部进行了调查，并重点了解了老A跟小B的情况。

老A认为，自己是公司的业务骨干，为公司创造了突出的业绩，带领部门创造的利润占到了公司总利润的2/3。他之所以要辞职，是因为认为按照自己的贡献度应得的奖金远远大于分配到的奖金。

小B认为，同样是综合部的业务骨干，自己只不过在一次外事活动中由于一时疏忽影响了一笔重要的订单，平时工作一直勤勤恳恳，经常加班加点，这次只拿这些钱，觉得非常委屈。

了解到上述情况后，总经理让有关部门将奖金收了回来，按照平均的原则重新进行了分配。

这下，公司的氛围更加混乱，大家纷纷质疑："我们做出的业绩不同，怎么能拿一样多的奖金？！"

总经理感到十分茫然："这不发奖金还好，发了反而出问题？这到底是怎么回事呢？"

看到上面这个案例，我们不禁要问：为什么会出现这样的情况？

上述案例中之所以会出现员工猜忌和抱怨，甚至骨干员工离职的情况，正是因为组织内缺失公平感。总经理可以建立起透明的全年考核标准，实施透明的绩效评定制度，并且对考核的结果和过程对外公布。这样的做法会将员工的猜忌和不满轻而易举地消除。每个人在事实面前，自然会获得相对的公平感，明晰别人的收获和付出，对自己的所得有个正确的评定。

一、班组里的公开、公正、公平

公开、公正、公平是强调以人为本的管理哲学,是先进管理方法下对人的充分尊重和满足。

1. 公开——阳光是最好的消毒剂

公开即信息的充分共享、透明。公开有关的规则与标准,可以确保管理活动和制度的指向性和合法性。规则为过程提供指导,标准则引导人的认知。在班组管理中,公开体现为工作信息、工作指令、标准制度和管理事务的迅速传达和及时公布,避免信息传达不及时、不准确、不到位而导致的一切浪费,避免暗箱操作和不公开引发的员工对执行的抵触和对结果的质疑。

2. 公正——管理与激励的根本基础

公正即合理、不偏倚。公正表现为处理利益关系的原则,如班组的制度、规章等在设计和施行时要合理、对等;班组管理中涉及对人的权益的评定时,要在公平的基础上体现合理和均衡,确保公正的关键是流程合理、方法可靠、工具科学,并在管理的过程中形成全程监督,防止和纠正不公正、不合理的行为。

3. 公平——员工最基本的需要

公平即平等,体现为对人格及其权利的尊重。公平是一种感觉,是人在比较中的主观判断。在班组管理中做到公平就是要营造公平的氛围,塑造公平的环境,使员工获得对等的信息,有知情权和发言权,获得心理上的平衡感和满足感。当然，公平不是简单的平等，也不是平均，而是相对的公平感。

"公开、公正、公平"的概念在很多企业，特别是国有大中型企业，已经被广泛认知。作为一个管理原则，"三公"通常应用于企业实施改革和推行制度等管理活动中，其目的是要提高执行效率，兼顾组织和谐，从而实现企业的可持续发展。"三公"对于员工而言，则体现为企业对员工充分尊重，给员工创造一个公开、平等、和谐的生存环境，带给员工快乐和满足感。

随着企业对人的重视程度越来越高，关注人性中对于公开、公正、公平的心理需求和环境需求已经成为现代企业管理研究的一大课题。研究表明，企业基层员工往往抱怨声最大，满足感最低，由此引发基础不稳、人员流动率高等问题，对企业人力资源储备造成了极大的浪费，给企业的基业长青带来安全隐患。

打造新型高效班组，搭建一个充分公开、公正、公平的班组平台，使得每一位基层员工都能够感到公平，获得尊重和自我满足，是班组建设的一大任务所在。

二、班组透明化管理系统建设的四大内容

谣言止于透明，公平源于透明。实行班组透明化管理可以实现"三公"，而"三公"又促进了管理的透明化进程，二者相互渗透，共同服务于班组绩效。

班组透明化管理系统建设工作主要包括如下几方面内容。

1. 管理透明化原理与心理公平

员工的抱怨往往来自心理上的失衡，心理上的公平感是员工良好精神风貌和工作士气的保障。态度由心而生，公平感的丧失就意味着工作热情的丧失和工作绩效的衰减。所以，班组透明化建设的首要任务就是建设员工的心理公平。

2. 管理透明化原理与显性公平

俗话说，百闻不如一见。人往往最相信自己看到的事物。班组透明化管理系统正好满足了人们对于"一见"的需求。对管理中的信息进行公开，确保信息传递顺畅无阻、多向透明，促进班组成员之间良性互动与合作，是一种显性公平的体现。

公平体现于细节，所以细节也要透明。比如，在班组晚会上，要评选出一位"今日明星"，会上大家根据当天的工作状况、工作业绩进行了集体推荐，确定了几个稍有差异的推荐对象，会后由领导指定一位被推荐员工填报表格。但是，会后这一环节给员工的印象却可能是"最终选谁全靠班组长的决定"。而事实上，"会中"与"会后"的结果是相差无几的，只是员工无法了解"会后"班组长何时做的决策、决策过程是怎样的这些细节，因而容易造成误会。只有制定具体透明的评价标准，并将评选的全部运作过程公开化，才能避免"好事变坏事"的情况发生。

3. 管理透明化原理与价值感公平

进行透明化管理要建立立体监督制度，脱离模糊管理，制定翔实的评价标准，通过自我监督、相互监督、内部监督、组织监督和评议、考核、激励等多种渠道实行全程监督，在标准透明化、行为公开化中实现监督的公平公正。

在透明的工作现场中，一切标准、流程、规则和行为都是公开透明的。在公开的环境下，每个人都被赋予管理和监督的权力，人人都可以是管理者，都可以行使管理的职能。这样做可以有效杜绝不良的利己动机，让大家认识到，人有利己的权利，但没有损人损公的权利。同时，班组成员有允许别人合理的利己行为和维护班组共同利益的义务与责任，在这种权利与义务的平衡关系中，形成推己及公和推公及己的职业素养，实现自身价值，体验透明化的价值公平。

4. 管理透明化原理与责任公平

公平、公正不仅仅体现在对权益的获得上，还体现在对责任和义务的承担上。班组管理中的责任公平强调人人共担责任、共尽义务，不偏私、不逃避、不推脱，这也是全员管理模式的体现。

另外，透明化责任管理注重责任的公开与量化，就是将责任具体化、精细化，公平地授予每个人合适的岗位职责，实行个人工位实名制，将工作考核要求分解落实到个人，在激发员工精心谋事、潜心干事、专心做事的积极性的同时，实现责任公平。

责任是人成长的动力，赋予员工责任，既是对员工的激励，更是公平的体现。在责任分配上体现这种公平感，可使员工乐于承担责任，自动自发地参与到班组的管理中，并为此付出努力。

第三节　班组透明化管理系统建设的核心要素

透明化管理是实现全员、全方位、全过程的管理，所以班组透明化管理系统建设要以"三全"为目标指引。

对外透明化是企业发展壮大的外部拉动力，而内部管理的透明化是企业发展的内部推动力。蒙牛的透明化管理为蒙牛赢得了消费者的信赖，获得了更大的外部市场。

案例

蒙牛曾举行盛大的"蒙牛邀你草原游"活动，一万名中奖者获得草原游——参观液体奶、冰激凌的生产流程，到希拉穆仁和格根塔拉两个草原上，感受绿茵、河流、风车，体验草原生活。这对于那些常年生活在水泥森林、渴望回归自然的人来说，不仅是一次感官享受，更是一次精神的回归。

这是蒙牛透明化管理的体现。不仅如此，只要事先进行预约，在约好的时间段带上自己的身份证件，每个人都可以参观蒙牛开放的工业园区，蒙牛产品的生产流程、控制过程等都毫无保留地展示在来访者的面前。

蒙牛不仅在总部进行透明化管理，还在分布于全国的30多家工厂也施行透明化管理，接待全国各地的参观者。据统计，截至2023年，蒙牛接待各界人士超过千万，深受大家好评。这些参观者将会持续为蒙牛带来更多的新顾客，为蒙牛的发展提供巨大的能量。

对于基层班组而言，管理透明化即内部管理的透明化建设，就是要通过搭建透明的"三公"平台，形成时时影响、时时提醒、时时监督、事事比较、人人对标、人人管理的卓越型班组管理模式。

班组透明化管理系统建设的核心组成包括以下内容。

一、制度透明

台湾塑料大王王永庆曾经说过，"制度第一，总裁第二"，指出了建立科学、规范、透明的管理制度是企业发展的保证。

1. 释义

班组透明化建设中的制度透明包括班组管理中的各项制度、规范和标准的透明，即这些制度、规范和标准要被每名员工清晰准确地认知，并被员工理解和接纳。

2. 制度透明的价值

第一，保障员工清楚地了解工作所应遵循的制度，明确标准和规则，知道怎么做和如何做。

第二，保障让每名员工参与制度、规则的设计和制定，保障全员监督制度、规则的执行。

第三，保障在制度面前人人平等，保障形成无效行为和有效行为甄别的统一标准。

第四，以"法治"取代"人治"，以"法治"促进"自治"。

3. 在班组建设中的体现

第一，工作现场的系列看板，如制度看板、规章看板等。

第二，岗位工作标准、操作规范、作业指导书等。

第三，班组的管理制度、规章手册。

第四，制度沟通会。

二、问题透明

问题比答案更重要，找到问题就是找到了一名老师。

学习的最好方法是向问题学习，以问题为师。善于发现问题、挖掘问题，在问题中思考，能透过问题看本质，找到创新点和改善点。

1. 释义

问题透明即将班组工作及管理中存在的所有问题公开化、显性化，对于已发生的问题不隐瞒、不逃避、不漠视，对于初现端倪的问题不轻视、不懈怠，正确对待问题，严格区分问题，尽心尽力解决问题，对于每个问题都要及时对外公布，对问题的防范措施和处理办法也要及时予以通报、公开。

2. 问题透明的价值

第一，及时发现问题、解决问题、防范问题，杜绝引发更大的危机和隐患。

第二，有利于工作中问题解决能力的修炼和提升。

第三，问题透明化是责任意识的直接体现。

3. 在班组建设中如何体现

第一，"今日一问""每日一梯"等日常活动（如图 4-1 所示）。

第二，班组问题库、问题案例集、班组管理日志。

第三，问题分析会、问题学习沙龙。

第四，班组信息化的共享平台。

图 4-1　某班组"每日一梯"看板

三、绩效透明

绩效管理在很多班组的实际管理过程中常被简单地理解为绩效考核。事实上，考核只是绩效管理的一部分内容，是一种手段、一种工具，而不是最终目的。

绩效管理的核心是让每名员工都处于一种"自知者明、自胜者强"的状态，是用时时对标、事事总结、不断改善来代替"以罚代管"的传统绩效管理模式。

1. 释义

绩效透明即及时公布、公开工作的成绩和结果，同时对员工在过程中表现出来的态度、价值观、行为等进行公开评价，使得每名员工都清楚地知道自己每天的实际工作业绩：存在哪些问题，有哪些改进点，应该如何去改进，从而明确每天工作的状态和方向，不断改进。

2. 绩效透明的价值

第一，工作绩效公开透明，便于消除员工之间在所获权益上的相互猜忌和怀疑。

第二，绩效透明，使得成绩和问题、特长和缺陷同时显现，能够促进员工时时对标，不断完善。

第三，绩效透明便于成功经验的分享和传播。

第四，绩效透明能够激发员工的工作热情，对先进者是一种激励，对后进者是一种推动。

3. 在班组建设中如何体现

在班组管理中实现绩效透明（如图 4-2 所示），首先要引入荣誉机制，建立绩效充分透明化的荣誉平台，用荣誉来激励先进、推动后进。

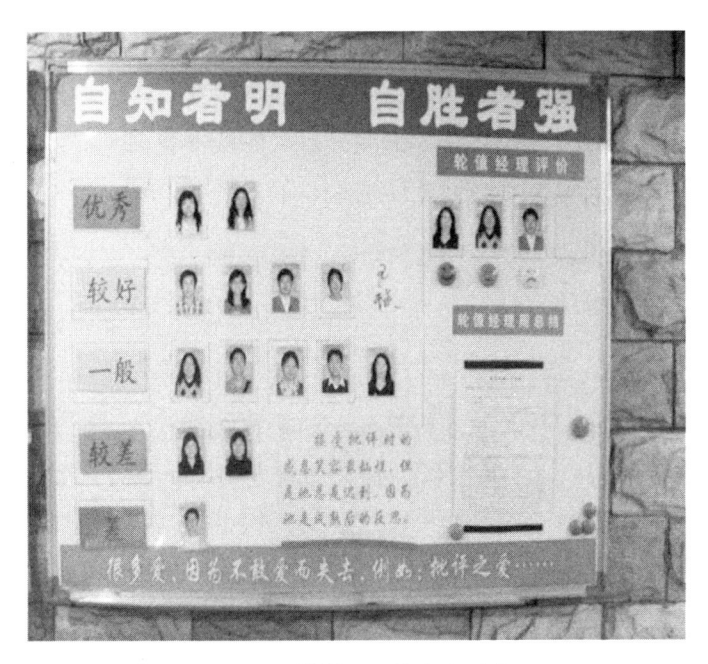

图 4-2　绩效透明的表现形式

具体体现如下。

第一，透明化荣誉平台、绩效评比看板。

第二，网络信息化的班组荣誉论坛。

第三，"每日标杆""每周之星"等评选活动。

第四，标杆案例学习活动。

第五，班组绩效考评表、评价记录。

四、工作透明

工作透明是透明化管理不可忽视的一环。工作透明的重点就是让与工作任务相关的所有信息明确化,以便于监督和管理。

1. 释义

工作透明即工作目标、工作计划、工作进展、工作行为等与工作任务相关的所有信息的公开与透明,对工作从准备到进行的全过程进行管理和监督,促进工作简单、高效地进行。

2. 工作透明的价值

第一,工作透明使得人人都是监督者和管理者,有效杜绝和防范了工作中不认真、不负责、不主动等负面行为。

第二,明确每个人的工作目标和工作进程,便于统一调度和相互协作。

第三,对工作进行全方位、全过程的监督,及时调整,避免目标和方向的偏离。

第四,确保工作推进高效、工作行为有效。

3. 在班组建设中如何体现

班组管理中要实现工作的透明化,首先要对班组的年度工作目标进行分解,分解到季度、月度甚至每天中,及时发布班组的整体工作目标和每个人的工作目标,以计划的形式展示出来,或者在计划管理看板上张贴。我们要使目标和计划充分透明,并在透明的环境下时时提醒、时时督促执行人的行为，同时对每个执行人工作的每一阶段进展、每个关键的节点和成果及时进行分享，获取班组其他成员的协助和支持。

班组管理中的工作透明主要通过以下形式体现。

第一，班组工作目标与计划管理看板。

第二，工作进度（项目进度）展示表。

第三，班组工作日报表。

第四，周工作报表、月工作报表。

第五，工作沟通协调会。

第六，工作成果发布会。

五、现场透明

班组透明化管理的关键任务是建立一个透明化的现场。透明化的现场是班组高绩效的来源。

1. 释义

现场透明即建设一个有标准、有规范、有流程、有提示的，严谨、高效、有条不紊的工作现场。在这个现场里，一切和它有关的信息都会得到及时、精确的传达，有便利的现场指令传递系统，确保现场生产有序进行，规避混乱问题。现场透明包括了现场的各种标准、流程、安全提示、设备状态、生产状态、质量控制等一系列信息的快速传递和精准传达。

2. 现场透明的价值

第一，是对丰田精益生产模式的系统升级。

第二，是全方位、全过程管理的最佳体现。

第三，能够便于及时发现生产现场的问题，防患未然。

第四，确保现场工作高效、规范、有秩序。

3. 在班组建设中如何体现

现场透明体现为工作现场的标准化和目视化（如图4-3所示）。这些标准化和目视化具体体现如下。

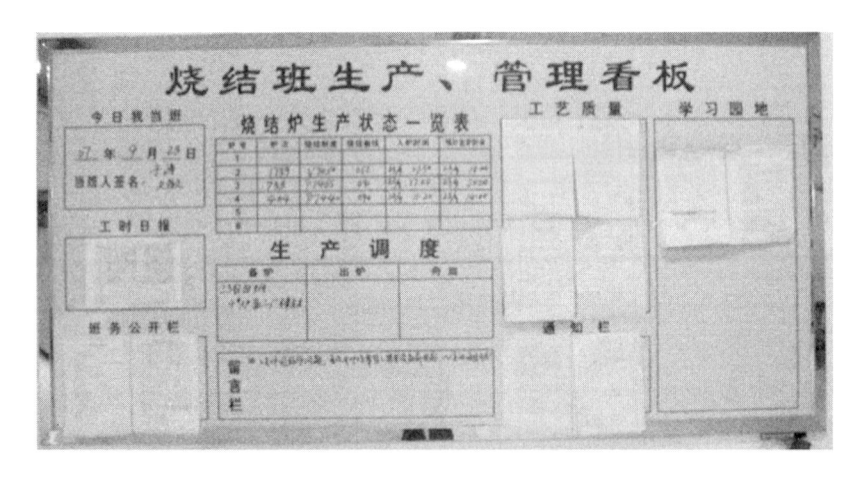

图4-3 现场透明的表现形式

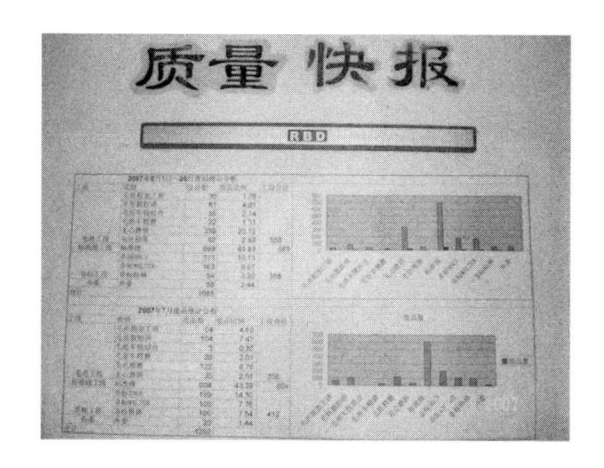

图 4-3　现场透明的表现形式（续）

第一，现场 6S 管理标志。

第二，现场的质量看板、质量分析报告。

第三，设备运行状态指示、物料存放分类指示。

第四，安全提示标志，安全操作规程。

第五，人员调度信息等。

六、管理透明

管理透明是班组透明化管理系统建设的核心，管理透明意味着全员管理思想的实践和运用，是班组成员行使班组管理权利和义务的最佳体现。

1. 释义

管理透明，即公开班组管理中的措施、活动和决议。管理透明的实现依靠班组内全体员工的参与，即全员管理，全员有责，以全员的智慧来促进班组管理工作的有效开展。

2. 管理透明的价值

第一，使班组管理工作阳光透明，杜绝管理上的暗箱操作。

第二，消除员工对管理的抵触和对抗情绪，变被动为主动。

第三，促使员工之间和谐相处。

第四，是员工获得公平感的最佳实现途径。

第五，促进班组管理工作的和谐与完善。

3. 在班组建设中如何体现

第一，班组民主生活会、民主决议会。

第二，班组学习园地、管理园地。

第三，班组轮值管理日志。

第四，网络化的管理动态发布专区等。

综上所述，掌握了以上六个核心要素，也就明确了班组透明化管理系统建设的根本。

第四节 班组透明化管理系统建设操作实务

搭建透明化的管理平台，用平台和互动推进班组的透明

第四章 班组透明化管理系统建设——搭建卓越班组的"三公"平台

化建设。

如何建设基层班组的透明化管理系统？

班组透明化管理系统有三大组成部分：透明化管理的工具、透明化管理的平台和透明化管理的保障机制（如图 4-4 所示）。

图 4-4 班组透明化管理系统三大组成部分

案例

D 班是某企业的一个老班组，从企业成立至今已经走过了 25 个年头，班组成员也大多是老员工，很多人从一入厂就在 D 班，一干就是几十年。所以，D 班也被很多人称作"元老班组"。

可如今这个元老班组却让上级领导很头疼。为什么？首先，D 班的管理一直达不到企业发展的要求，很多员工习惯以元老自居，做事情认老理，企业的很多新政策、新管理模式一到D班就遇到很大阻力，得不到落实。其次，D班人员结构年龄偏大，能力知识结构也普遍偏低，导致工作任务的完成和效率落后于其他班组。上级曾经想过很多办法，来改变D班现有的管理和人员结构，尝试和别的班组重组，以先进带动后进，却招致很多老员工的反对。上级曾给D班招聘来不少刚刚毕业的年轻人，想带来点儿新鲜活力。可不出半年，年轻人也都因为班组里气氛沉闷，纷纷要求调离。

如何才能改变这个元老班组，使老树发新芽，重新焕发活力，这是D班新任班组长小张所面临的最大问题。

经过几个星期的深入班组和班组成员之间的座谈，小张了解到班组的很多人都抱着等待退休的心理，所以工作上没多少干劲。细心的小张还发现，D班的很多老员工都普遍好面子、重荣誉，希望受到别人的重视。

针对这种情况，小张琢磨了几天，想出了一个好办法。他是如何做的呢？

首先，小张把班上相对来说思想比较活跃的两个年轻人小王、小赵和班上德高望重的几名老员工召集到一起开了一个会。会上小张宣布，为搞活D班的管理，活跃大家的工作氛围，将在接下来的工作中开展班组建设活动。他建议聘请几名老员工担任班组管理的顾问，由两名年轻员工牵头，老员工可以随时提改进建议和意见。大家还没反应过来，小张就拿出了大红色的聘书，现场送到几名老员工的手里。看着红艳艳的聘书，原本想拒绝的老员工也不好再推辞了，纷纷表示会支持班组建设工作。

第四章　班组透明化管理系统建设——搭建卓越班组的"三公"平台

会后，小张趁热打铁，和小王、小赵一起策划把班组内很多年没有使用的一块黑板设计成班组的荣誉看板，还起名叫"点将台"。

在此后的几周里，"点将台"上连续登载了好几名老员工的工作事迹，小王、小赵及时将每天工作中大家的表现收集起来，将表现突出、有价值的拍成图片，写成报道。原来，这些老员工大都有着丰富的经验，尽管知识上相对落伍，但当现场出了问题时，他们往往能依靠经验解决故障，毕竟"姜还是老的辣"。对于工作中原来不太被关注的细节，小张他们都以事迹介绍的形式一一在荣誉看板上展示，并在早晚会上同大家分享。没过多久，班组内的工作气氛就活跃起来了，大家经常围着看谁又上了"点将台"。特别是那些被报道了的老员工，感觉自我价值得到了重视，工作热情比之前有了很大的提高。

荣誉是激励人最好的工具。有了开门红，小张又在D班紧锣密鼓地推进下一步的工作。首先，他把大家组织起来，就现有的班组管理情况，充分听取了大家的意见。其次，带领大家完善和修订了一系列班组内的管理制度。最后，把这些新制度、新规程悬挂在工作场所的显著位置，便于大家在每一天的工作中能够随时看到、随时依据制度和规范来调整自己的行为。

做完这一步，小张又提出开展全透明的绩效管理的建议，把和每个人息息相关的绩效考核完全公开，对班组的奖金发放和内部资金使用情况每月定期进行公示，有异议的当场解决。这样的举措很快就消除了很多班组成员原来的质疑。奖金一透明，反倒激起了不少人的工作干劲，拿多拿少、干好干坏都有了人所共知的标准，大家以前在奖金分配上的小矛盾也基本上得到了消除。

随着D班的变化日益显现，小张趁机又把班组的工作计划、执行的过程、现场的问题、任务的完成情况、每个人的工作表现等一一搬上了"墙"。同时，结合这些反映工作情况的动态信息，在每天的早晚会上，邀请担任班组管理顾问的几名老员工对班组成员每天的工作表现进行点评，对每天的问题提出解决建议，并总结每天工作中的成果，给大家介绍经验和方法。

这样一来，原来极少数工作起来推诿、磨洋工的班组成员，在大环境的带动下开始有了转变。

不出半年，小张的这些努力就收到了成效，这个原来令领导头疼的元老D班，从任务完成情况到每个人的工作状态都发生了很大变化。在年底的优秀班组评选中，近十年没拿过奖的D班被厂里授予了一个特殊的荣誉——老当益壮班组！

D班为什么会发生这样大的变化？

原因是多方面的，其中最重要就是小张推行了透明化管理。

很显然，小张正是注意到了D班老员工重荣誉、好面子的特点，才以荣誉机制切入，设计了第一个透明化管理的工具——"点将台"。

此后，又结合班组成员渴望被重视、渴望参与管理的心理，以民主的形式组织大家重新完善班组的制度和规程，实现了制度透明。接下来，再适时地推行绩效透明、工作透明和现场透明，利用透明化的管理工具——看板，结合早晚会最终实现了 D 班的透明化管理。借用这些透明化的管理手段，提升了这个元老班组的工作热情。

具体而言，班组推进透明化管理，必须从以下三个方面入手。

一、班组透明化管理工具建设

班组透明化管理的工具即班组用于日常管理及现场管理的目视化管理看板，管理看板的设计应该结合班组的工作特性，突出实用性和价值性。

通常而言，基层班组的目视化管理包括班组人员管理、任务管理、现场管理、质量管理、安全管理、设备管理、绩效管理等，能够体现全方位、全过程管理。

班组目视化管理看板一般包括以下内容。

1. 日常管理看板

很多基层班组都会有自己的管理园地或者管理之窗，对班组日常管理中的动态信息进行公示，比如人员出勤情况的汇总、工作绩效的考评、合理化建议的征集、班组制度的公示、班组信息动态、公告或通知的发布，以及天气等信息的温馨提示等。

2. 生产（现场）管理看板

现场管理看板是就工作和任务本身而设置的透明化管理看板，不仅包括生产信息的动态展示，现场的质量、安全、设备等，还包括工作计划、工作目标、任务的完成进度、工作中的问题汇总、最新成果等方面的动态信息。

现场管理看板是当前基层班组中经常使用的透明化管理工具，有电子指示牌形式的看板，也有传统的黑板报形式的看板。

3. 文化活动看板

班组文化活动是基层班组管理的重要组成部分，也是体现透明化的工具之一，既包括班组文化建设的相关内容，又包括班组日常的生活信息。图文结合的班组文化活动看板是营造良好和谐班组工作氛围的有效载体，文化活动的开展更是凝聚人心、提升士气的有效工具。

4. 学习交流看板

班组学习交流看板重点要体现班组日常培训及学习活动的开展情况，一般包括常规的民主学习、安全学习、技能培训、日常学习型组织的互助学习活动，重点呈现学习的主题、学习交流活动之后的收获及感悟等。

5. 荣誉展示看板

在班组透明化管理系统建设中，对荣誉的展示是必不可少的一环，荣誉看板的设计要重点体现对班组成员的激励、对优秀事迹的分享和传播，以荣誉调动员工、用成功经验和优秀事迹的分享带动更多的人。

班组透明化管理工具建设应该注意以下几点。

第一，始终贯彻全员参与、全员管理的思想，群策群力，发动全员参与设计班组目视化管理看板。

第二，结合本班组的工作特点和管理上的需要，避免设计过多、过于烦琐的管理看板，以免加重班组管理的工作量。

第三，管理看板的设计和应用要充分体现简单、高效、实用，避免华而不实。

第四，看板的设计要注意和日常化的管理相结合，便于及时维护和更新。

二、班组透明化管理平台建设

建设班组透明化的管理平台是班组透明化管理系统建设的重中之重。平台既是一种有形的推进载体，又是一种长效透明的环境、氛围。

班组透明化管理平台又可以称为班组透明化管理的日常化运作平台，即把透明化管理落实到班组的日常管理模式中来，利用班组的早晚会、问题研讨会、民主生活会、荣誉表彰等来体现管理的透明化。

结合本章第三节所讲述的内容，班组透明化平台建设应重点从如下几个方面展开。

1. 早晚会——目标透明、绩效透明

班组长可以结合班组早晚会的开展，落实班组的透明化管理。早会突出每日的工作计划和工作安排，使当天的工作目标充分透明；晚会突出对一天工作的总结，重点对标当日工作计划是否实施、工作目标是否达成和工作的价值点是否体现，评选出每天工作中表现优秀的

标杆员工，充分体现绩效透明。

2."每日一提问"——问题透明

就每天工作中出现的问题，开展"每日一提问"活动。就问题的解决组织研究和探讨，通过不断提问、追根溯源解决现有问题、发现问题、挖掘潜在问题，并将"每日一提问"的活动开展情况汇总为班组的问题集、案例集。

3.民主生活会——管理透明

为体现管理的透明化，应该在班组内部定期开展民主生活会，组织班组成员积极参与班组管理，把日常化的管理决策拿到民主生活会上来探讨，鼓励大家多提合理化建议、人人献策献力、共建和谐班组。

此外，班组透明化管理平台的建设还表现为构建信息化的平台。不少企业利用互联网来实现透明和共享，而且这种方式已经越来越普及。比如，不少知名通信、电力企业等都在内部网络上建立起班组的管理信息平台，在网络平台上设置不同的管理栏目，分别就基础管理、工作管理、绩效管理等提供开放、互动的信息发布。每名员工都可就班组管理和工作本身在完全透明的情况下发表看法，提出意见和建议。

透明化管理平台的建设，使得基层班组成员在日常工作中能够参与管理交流、自身透明并融入透明，真正体现了人人参与管理、人人都监督、事事有人管的现代班组自主管理模式。

三、班组透明化管理系统运行的保障机制

管理机制是决定企业管理功效的核心问题,其重要性不言而喻。在班组透明化管理系统建设中,同样需要引入管理机制,来推进和保障透明化管理的长效运行。

班组透明化管理系统运行主要依靠透明机制和分享机制。定期的信息公开保障管理的透明;员工之间的交流互动和分享,确保信息的快速传递,增加管理的透明度。至于班组的机制建设,在本书的第七章将有系统阐述,在此就不赘述了。

◯ 业界实例

空勤公寓工程部透明化建设的成功经验

透明化管理是企业普遍倡导的先进管理理念。有些企业片面地认为,基层透明化建设只是实现工作现场的透明。事实上,透明化建设不仅需要建设透明、秩序井然的工作现场,还应该在班组内部建立透明化管理平台,营造透明化管理氛围,用全方位的透明来促进员工的绩效改善,提升班组的管理水平。

某航空公司通过深入开展班组建设工作,力求推动公司班组精细化管理全面升级。该公司空勤公寓工程部(以下简称"工程部")在建设班组透明化管理中做了很好的尝试,取得了良好的成效,不但实现了工作现场的透明化管理,还建立了班组管理的透明化机制,在日常管理中充分运用透明化

管理工具和平台建设，实现了班组管理的升级。

工程部的班组成员来自全国各地，年龄自19至50岁不等，民族有汉族，也有少数民族，学历有大专，也有本科。虽然个体之间存在着差异，但在建设班组的共同愿景之下，班组成员都互敬互重，积极互相学习。工程部班组在多次优秀班组评选中屡获殊荣，成为班组建设的标杆班组之一。

一、利用管理看板和民主生活会，实现管理透明

透明化建设工作往往只注重工作现场的透明化管理，而忽视了员工对于管理透明的需求。在充分关注员工心理需求的基础上，工程部班组依照精细化班组建设活动的中心思想，发动全班组成员群策群力，共同创建了班组的管理看板，将与每个人息息相关的班组日常管理信息在管理看板上公布和呈现，让每名员工及时了解管理工作的信息和动态，明确班组工作目标与工作计划、班组各项制度与工作指令（如图4-5、图4-6、图4-7所示）。

为保障这些管理信息的时效性和有用性，能够起到时时提醒和监督的作用，班组内又对每一模块设定专人负责，定期更新维护。

第四章 班组透明化管理系统建设——搭建卓越班组的"三公"平台

图 4-5 工程部管理看板

图 4-6 制度公开透明

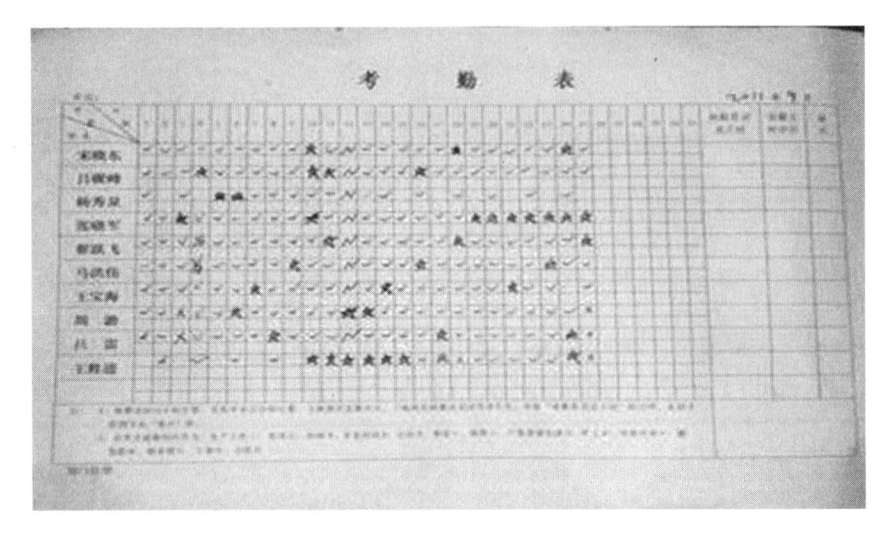

图 4-7　考勤公开透明

同时，班组内部定期组织召开民主生活会，了解集团公司的战略动向，学习新的规章制度，商议班组的管理事务。班组长会就一段时期内班组管理中出现的问题，组织大家分析讨论。

二、开展日常化案例分析活动，实现问题透明

对于工作中出现的问题，该班组采用"绝不放过"的原则，即对于工作中突发性的问题要及时处理，并将问题出现情况和处理结果形成文字记录。对于未解决的问题，利用每日的班后会时间，组织全体班组成员对当日问题以案例的形式进行讨论，提出解决的思路和对策（如图 4-8、图 4-9 所示）。

班组日常化案例分析活动的开展，将工作中所有的问题都转变成了案例，在分析研讨的过程中，实现了问题透明。

图 4-8 班组问题讨论

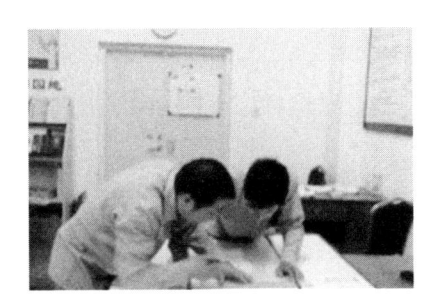

图 4-9 班组分析问题

三、定期开展优秀员工评选，实现绩效透明

绩效管理一直是班组管理中的难点，管理不当很容易引起员工的抵触。工程部班组制定了详细的班组考核管理办法，实行完全透明的绩效考核（如图 4-10 所示）。同时，该班组在进行每日工作评价的基础上，以月为单位开展优秀员工评选活动。结合班组工作的内容和特点，开展了班组"质量之星""安全之星""文明之星"等评选活动（如图 4-11 所示）。全员制定了详细的评比规则，依照规则每月进行评选，将评选结果和员工事迹张贴于班组管理看板之上，并在全体班组成员面前公开对其进行嘉奖，形成了"人人识我优"的团队氛围。

打造最有战斗力班组（升级版）

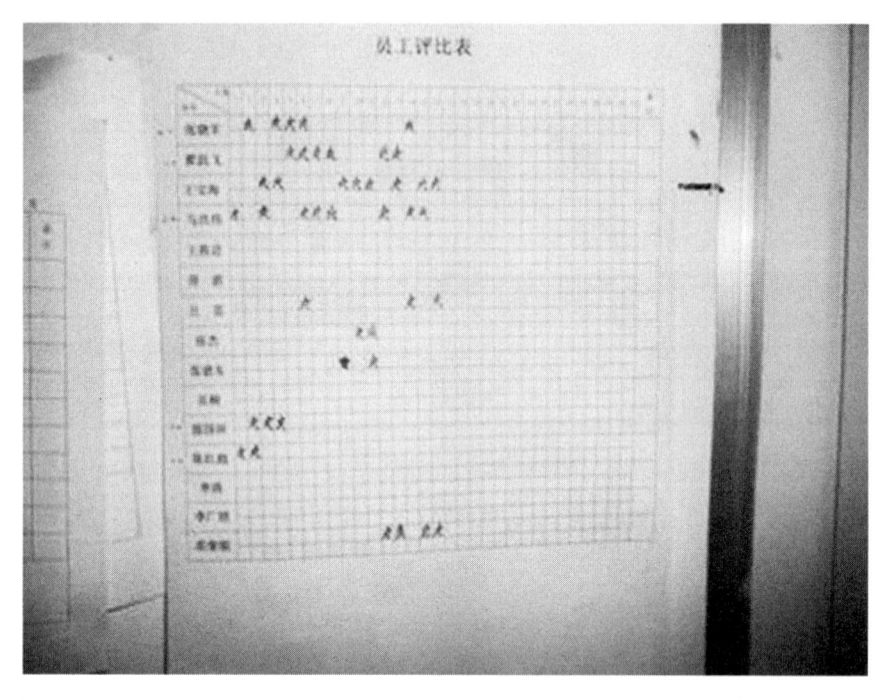

图 4-10　考核公开透明

图 4-11　工程班组评选的优秀员工

四、完善现场管理目视化看板，实现现场透明

该班组为保障工作现场的透明管理、消除问题隐患、提

高工作效率，完善了基于现场管理的系列管理看板工具，使工作现场变得井然有序（如图4-12、图4-13所示）。

图4-12 整洁有序的工作现场

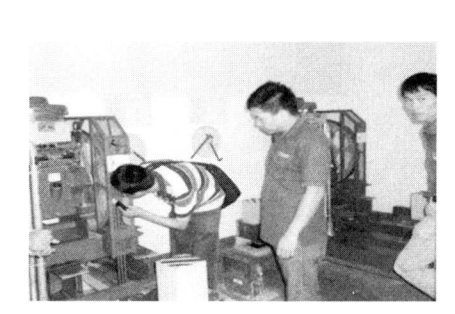

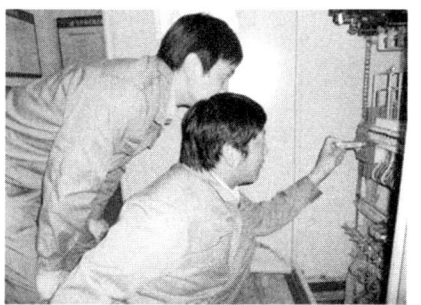

图4-13 消除问题隐患

五、搭建透明化的信息平台

为推进和深入开展班组透明化建设，该班组在企业内部网络上建立起班组的透明化信息交流平台，将班组日常管理的各项事务在信息平台上公示，征集班组成员的意见和反馈。

信息平台拓宽了班组成员之间交流的渠道，班组成员在生病请假期间或在生活区也能很方便地了解到班组的工作动态。

点评：

　　班组透明化建设是一项系统工程，不但体现为班组的工作透明，还体现为班组的管理透明。透明化管理平台的建设和氛围的营造，是班组走向卓越的保障之一。

第五章

班组流程建设
——完善卓越班组的运行规范

第五章 班组流程建设——完善卓越班组的运行规范

流程完备与否，直接影响企业发展的快慢。科学、完备的管理与业务流程是企业日常高效运营的基础。

第一节 流程建设是班组高效运作的保障

> 流程是班组运行的基础性保障和工具。

工欲善其事，必先利其器。在班组管理中，"器"指的正是完备的流程工具和方法。在影响企业发展的诸多环节中，高效率的流程是企业不可或缺的推动要素，和企业的发展战略、业绩评估、信息技术、组织架构一样发挥着重大的作用（如图5-1所示）。

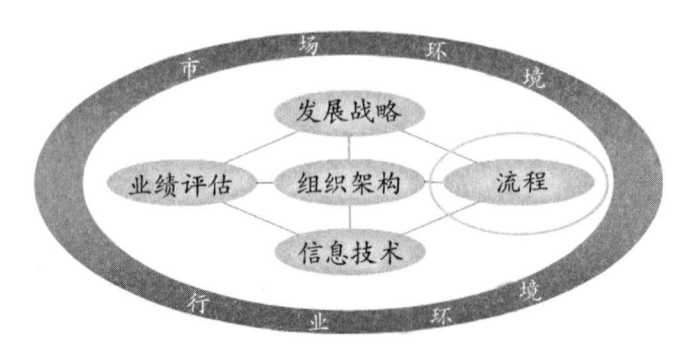

图 5-1　影响企业发展的几大要素

案例

A企业是一家民营家电生产企业，投资兴建才短短几年，产品就已经行销全国各地，一些优势产品占领了国内近1/3的市场。

外部市场良好的机遇促进了企业的大发展，但随着大量竞争对手的涌入，市场竞争愈发激烈，企业利润日益微薄。为促进持续发展，企业开始一手狠抓产品创新，一手严抓管理，并将本年确立为"管理元年"。

大家一致认为，当前企业存在着管理混乱、责权不清、工作盲目和重复生产等问题。这些问题导致大量浪费，消耗了企业很大一部分利润。就这些问题，A企业召开了内部管理分析会，深入分析研究后一致认为，问题是企业缺乏规范化流程体系所致。

针对问题，A企业成立了以副总经理为带头人的专项管理工作小组，本着"标准化、规范化、一体化、信息化"的工作方针，从企业的实际情况出发，大力开展流程建设工作，确立了以业务流程为导向的流程体系建设目标。同时，强调建立全系统、多层次的流程管理体系，逐步实现企业从面向职能部门的管理转为面向流程的管理。

在接下来的工作中，该工作小组就现有工作状况进行了流程梳理：组织各部门结合实际工作，思考和确立各个业务的管理界面和管理节点；重新设计和安排企业生产、服务和经营过程，使之更趋合理；针对工作中高发的问题和存在隐患的环节，重点进行了流程的重构和优化。

经过几个月反复的讨论和修改，该企业完成了主要流程目录树的整理工作，共整理出二级管理流程数十个、三级管理流程上百个，并全部绘制成科学规范的流程图，初步构建起了以业务流程为核心的企业流程体系。

针对问题较多的工作现场，该企业建立了以团队为单位的并行式工作流程，通过流程的优化减去了很多不必要的环节，大大提高了工作效率；在部门之间的协作配合上，通过进一步明晰各部门的责权、工作内容和责任衔接，并在流程图中明确体现，很大程度上避免了互相推诿、延迟、浪费等问题，在提高效率的同时，强化了对工作的监督和规范。

经过半年多的努力，该企业的高效运作流程体系建设取得了很好的成效，原来一线由于胡干蛮干引发的浪费已经完全杜绝，标准化的工作流程取代了原来的"经验主义"，部门配合不到位引发的浪费也被明晰的协作流程规避。企业各部门、各业务单元之间的工作都严格遵照新的流程，秩序井然，运作高效。这种成效也直接反映在了企业的经营效益上。在外部市场竞争加剧的环境下，该企业的营业额依然保持了较高的增长速度。

流程是工作最直接的体现，是工作产出从初始到最终形成的各个环节及其之间的相互关系。基层班组的流程建设是班组各项工作顺利开展的基本保障，既是工作规范化、标准化的指导，又是班组进行过程管理和风险防范的工具。

一、流程是规范化、标准化的行为指导

首先，班组的流程建设是对工作的操作层面进行细化和明晰，确定每一项任务的输入和输出，明确每一个环节、每一个过程应该做什么、如何做，并对每一步的行为形成具体的指导。所以，很多班组长把流程比作高速公路上的提示牌，为班组每一步的行进指点迷津。有问题"按规范办""照流程做"这样的话已经成为很多班组长的口头禅。

其次，流程能够体现一项工作中不同部门、不同人员任务和权责的划分，界定了需要做哪些事情、由谁来做，明晰了每一项工作的关键节点，形成了清楚、明确的行动指导。

固化下来的流程具有规范化和标准化的作用，是统一行为、消除责权不明引发的矛盾、提高效率的保障。

清晰的流程对于新入职的员工而言是不错的指导老师，通过流程学习，新员工能够快速熟悉工作内容，提早进入工作状态。对老员工

而言，各种流程图也是防范出错、促进效率不断提升的良好工具。

在班组的工作管理中，一个清晰明了、责权明确的工作流程，往往会使工作行为变得简单、有序。人人依照流程做事，明确自己的任务和角色，工作起来就会远离混乱和出错。

二、流程是全程控制、规避风险的工具

细化、完备的流程设计，便于管理者分析、优化和控制工作的全过程，了解每一环节和进度，了解价值链的形成情况及每一单项产出的具体过程。

班组长把管理重心转移到对流程的管理上，可以实现对一项工作全过程的掌控。他只需要关注流程上的每一个关键节点、每一个关键工序，就能够很明晰地了解该项工作的全过程。

流程也是班组问题管理的高效工具。对已发生的问题，依照流程向上追溯可以及时找到原因，便于及早解决；对于未发生的问题，能够防微杜渐，提早防错、纠错。

通过对各个程序之间衔接的不断优化和完善，管理人员能够明确最终产出和实际产出之间各个环节的具体情况，找到容易出现的问题点，继而事先控制预防，以避免更大的问题出现，起到规避风险的作用。

建设科学合理、严谨的流程，还能够避免滥用权力和滋生腐败，避免因监管不到位和管理漏洞带来的损失。严格的流程设立，可从根本上斩断风险的源头。

综上所述，流程是班组所有工作的标准和规范。在生产一线，严格依照流程来生产，能减少现场大多数问题的发生。在班组中建设系统、严谨的工作和管理流程，有利于对工作、管理的每一个执行过程进行直观的了解和控制，从而快速应对问题，消除问题的端倪和隐患。

同时，流程的严密和严谨性设计，可以在工作的协作人之间形成一种监督和制衡——人人都是流程的监督者，人人都是流程的执行者，从而减少了因管理疏漏和不到位而引发的各种问题。

第二节　当前班组流程建设中存在的问题

班组流程建设必须结合班组工作特性，绝不是对成功企业流程的简单模仿。流程建设也不是凭空想象和设计，而是为了解决问题、消除漏洞。

同样是推行流程管理，为什么在有的企业流程成了保障班组高效运转的工具，而在有的企业却导致效率降低、班组成员抱怨？

案例

"今年的任务是花大力气优化作业卡流程，提高流程的指导性，做到简单、实用、有效，真正为广大基层班组减负。"

这是某企业年度工作会议上一位管理者的讲话，"为基层班组减负"竟然成了该企业的年度工作目标之一。

一年来，来自该企业基层班组的抱怨声不绝于耳，一线员工纷纷表示工作太累，不是干得累，而是压力大、负担重引起的心累！公司新引进了大量细化的工作流程，使得很多原本简单的工作复杂化了。为了让一线员工严格遵照流程做事，公司还专门制定了严格的考核管理办法。为应对考核，员工不得不每天拿出大量时间来填写各种名目繁多的过程记录文本和表格。

这样一来，一线班组的工作量几乎增长了一倍，原本在生产工作之余，大家用于探讨问题、交流经验的时间全都被占用了。每天除了忙必要的工作，没有任何闲暇，工作也是被动地执行，没有任何讨论和思考的时间。班组的工作变得冗长、无趣而且疲惫。

为什么会出现这样的情况呢？

原因就出在引进的流程体系上。原来，该企业两年前为学习借鉴行业内一家优秀企业的经验，从对方那里引入了全套的管理和业务流程，并要求从上到下认真学习、严格贯彻。

在相关部门的监督下，一线所有班组被要求开展严格的流程重建工作。为追求所谓的系统性流程建设，该企业推翻了一线管理和生产中原来已经形成的规范，重新引入了一系列新的流程，仅新的流程体系文件就有厚厚一摞。

这些庞大的流程给基层班组原本井然有序的工作带来了极大的不便，甚至引发了不少矛盾。原来很多简明清晰的操作规程被重新设计，做成了复杂的作业卡；工作中很多简单的工作也被复杂化，一一制定了流程表。如简单的维修申报、工具领用、日常请假都要依照复杂的流程进行申请和审批。为追求每一项工作的可控性，还要求班组每一名成员对自己工作的过程环节进行记录，不但形成纸质文本，还要形成电子文本。流程的烦冗、复杂和流程控制记录的填写大大增加了员工工作的时间成本。

　　这种流程管理推行不到一年，企业里面特别是基层班组怨声载道、问题频发。班组的工作绩效不但没有提高，反而下降不少。很多人反映，现行的管理流程中，人就是个机器，每天的工作量大不说，全部是被动执行。执行不好就用考核刺激，考核一多，人就疲了。

企业盲目引进不适合班组实际情况的流程体系，带来了事倍功半的后果。

流程的建立必须适应企业的管理需求和实际情况，班组的工作与管理流程建设也必须结合班组的工作特性，绝不是对成功企业的流程进行简单的模仿。而且，企业长期以来形成的工作规范和惯例之所以能保障整个基层运转正常，必然具有一定的科学性和合理性，即便有漏洞，也应该基于问题产生的原因，寻求完善和优化，而不是片面追求系统性，一概推翻。

班组进行流程建设，首先要基于工作和管理中的问题、漏洞而设，而不是凭空想象和设计。其次，流程建设要遵循简单、高效两大原则，不是单纯"为了流程而流程"。流程管理的作用首先在于提高工作效率，把复杂的事情变简单，而非把简单的事情复杂化。所以，一切复杂、烦冗、增加执行难度、致使效率低下的流程都是"伪流程"。

当前，基层班组在开展流程建设中主要存在如下问题。

一、流程建设纸上谈兵，与实际工作不匹配

案例

随着各种名目的认证在国内走热，A公司也花重金聘请了国外的认证机构来为企业推进ISO系列认证。经过几个月的忙碌，认证专家们为该企业提交了厚厚一摞流程、文件和一纸证书。专家走后，那些花重金买来的流程、文件却因为和企业实际工作不匹配被束之高阁。

现阶段，很多企业都引进了各种各样的认证服务体系，认证本来是为了促进企业的规范化和标准化发展，但实践证明，现在很多认证产出的成果并不具有通用性。企业所处的行业不同、业务类别不同，适用的管理体系也不尽相同。有些企业盲目地贯标认证，制定了大量流程，却往往是纸上谈兵，与企业实际不符，劳民伤财且无一利。

遗憾的是，很多企业并没有认识到这一点，还在强制基层班组落实那些缺乏实践的流程，于是就出现了这样一种情况：流程上面说一套，大家做一套，而且为了应对考核或者检查，流程中所要求的过程控制文档往往在工作完成之后才会被统一补填。这种"事后补程序"的现象在一些班组里比比皆是。

二、流程设计不合理，导致执行难度大

很多班组还存在着空有流程，却没办法执行的问题。

为什么无法执行？是执行力不足，还是流程本身的问题？

案例

某厂为了控制班组生产中的成本消耗，引进了信息化管理系统，同时制定了细化的物料和工具领用流程。该流程规定，领用任何物料，必须先在信息平台上进行申请，提交领用的数量、用途和时间，获批后，再凭打印的单据去库房领取。

C班组是一个维修班组，恰逢一年一度的设备大修，需要深入车间开展系统检修工作。这时候，领用工具就成了问题——为了防止冒领、代领，明确工具物料用途，杜绝浪费，信息化管理系统的流程设定了每个申领界面只能填写一种工具或物料，这给领取工具造成了极大的不便。

此外，很多非常规的配件，比如某个螺钉，大家事先往往无法明确什么时候会用到，每次领取都需要从检修现场发出申请，并派专人回去取，或请同事帮忙送来，这中间浪费了很多时间。

上述事例中的流程设计明显存在缺陷，让一线员工顾此失彼。因此，流程的科学与否、合理与否是班组流程建设必须考虑的一大问题，不能以牺牲效率为代价过于强调流程的贯彻。

此外，流程不能过于僵化。僵化的流程势必导致难以执行或者执行不到位。

三、制度和流程"两张皮"，缺乏互相保障

制度强调对行为的要求，流程强调对行为的规范，二者应互相统一，共同发挥功效。

但很多班组往往对制度过分倚重，忽视了流程的规范作用。比如，对于班组工作中出现的问题，人们往往在查找原因、找到对策解决之后，想到的是要去完善制度、加强监管以杜绝此类问题再发生，却没有意识到要对相应的流程进行修正和完善。

制度仅仅说明行为上"不能这么做"，流程则是教人"应该怎么做"。空有制度的调整，而不改变流程，其结果就是员工仍依照旧流程做事，已出现过的问题还是无法杜绝。

类似这样流程和制度"两张皮"的现象在班组管理中举不胜举，更有甚者，流程要求这么做，制度规定那么做，制度和流程互相冲突，给班组工作带来了极大的混乱。

四、流程缺乏有效衔接和过程控制

案例

A班组是一个典型的多工种班组，有十几人之多，这使得班组管理起来比较困难，问题很多。其中，最典型的一个问题就是，在多个工种的协作中，大家各忙各的，缺乏统筹和衔接，也没有统一的流程对完整的工作过程进行协调和监管。此外，因为缺乏统一的流程监管，班组内经常出现有人

忙得团团转、有人无所事事的情况。

这是典型的流程设计上的问题。多工序之间的管理和衔接，需要围绕服务或者产品的流向设计统一的流程，对工作的各个节点应该界定明晰的责任和义务，确定执行人和监督人，确保对整个过程进行管理，确保每个人都能够依照统一的流程各尽其责、高效协作。

班组的流程设计，要体现和贯彻"事事有人管，人人有事做"的管理原则，把每个人的职责和工作要求在流程中清晰地体现出来，这样才能避免人员闲置浪费。对每个人的安排都非常到位，也就真正实现了对全过程的管理。

五、重业务流程建设，轻管理流程建设

班组流程建设中还普遍存在着一个问题，就是企业往往只重视基层班组的业务流程建设，而忽视管理流程建设。

众所周知，任务管理是班组管理工作的核心，而生产任务能否按时完成，起决定因素的往往是日常的运作和管理流程。因此，班组在开展流程建设的时候，应确立以关键业务流程为主导、以核心管理流程为补充的流程体系。业务流程体现着价值流的走向和实现，而管理流程决定着工作业务能否有效达成。

本节讲到了班组流程建设中存在的一些问题，那么，如何在实践中避免这些问题的出现呢？最重要的是要掌握科学的流程建设方法和工具。

第三节　班组流程建设方法和工具

流程建设应以问题防范为切入点，以缔造高绩效为根本目标，建设精细化的班组工作与管理流程。

前些年，在中国制造行业某次高峰论坛上，权威专家指出，建立精细化的流程管理是制造业效益提升的关键。对于生产流程相对复杂的制造业而言，从原材料的需求到原材料的采购，再到生产现场的管理、成品的加工、检验以及仓储、物流等各个环节，都充满了很大的不确定性。任何一个环节出现疏漏，都会影响到最终的产成品输出。所以，建立精细化的制造现场，已成为企业的目标和共识。

精细化管理，即全员参与、全方位管理、全过程管理的"三全"管理模式，旨在确保管理无漏洞、无死角，实现"人人都管事，事事有人管"。如何建设精细化班组呢？

建立精细化的流程并深化流程管理，是精细化班组建设的关键。

一、精细化流程建设的原则和方法

1. 班组精细化流程建设的原则

班组开展精细化的流程建设，应该遵循如下几项基本原则。

第一，全员参与，群策群力，在参与流程制定的过程中强化认知、达成共识。

第二，流程设计以能够实现班组高绩效为目标，而非强调班组工作的过程。

第三，流程的设计要能够体现对全过程、全方位的管理。

第四，一项流程在设计时，要尽量减少交接和衔接的结点，尽可能使同一个人完成一项完整的工作。

第五，流程建设是一个闭环上升、持续优化的过程，不要试图一步到位、一劳永逸。

2. 班组精细化流程建设的方法

班组的流程建设是一项结构化、系统化的工作，也是一项需要持续优化和完善的工作。开展流程建设工作，一般采用四个步骤循环进行（如图5-2所示）。

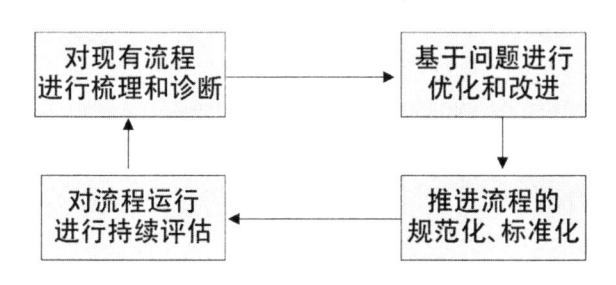

图5-2 流程建设四步法

（1）对班组现有流程进行梳理和诊断

班组精细化流程建设，不是对现有流程和规范的全盘否定，而是基于现有流程进行全面梳理和诊断之后的优化和完善。

流程梳理即把现有工作中的全部流程和规范一一整理出来，让隐性的流程显性化：细化和分解每一项工作的组成，把工作的每一环节、步骤描绘成详细的流程，绘制流程图，撰写流程说明书。通过对所有流程的梳理，我们确立了班组的关键流程，并以此为主导确立各级子流程。

流程诊断是指对现有流程进行系统审视，看其是否合理、科学，在运行中是否存在问题。流程诊断首先要检查现有流程是不是闭环操作，从流程循环系统的起点到终点是否顺畅；其次，要检查现行的流程中有没有冗余复杂、难以执行之处，有没有责任衔接上面的漏洞等；最后，要检查流程有无统一化和模板化，班组成员对于各项流程有没有统一的认知，有没有依照流程严格地执行。

对于班组现行流程进行梳理和诊断之后，要形成诊断报告，即将此阶段工作的结果形成文字，找出现行流程的问题和漏洞，为下一阶段流程的优化和完善做好准备。

（2）查漏补缺，基于问题进行优化和改进

基于上一阶段的问题梳理，班组长组织班组成员进行分析，找到问题的原因：是责任界定的问题或工序衔接的问题，还是流程太复杂、太呆板、不便于执行的问题？全员就每一个问题都展开讨论，针对问题找到解决的办法，以完善和优化流程。

概括而言，流程的优化和完善一般有如下技巧。

第一，改变现有流程的结构或构造。

流程是一系列逻辑相关活动的集合，可以通过精简和压缩流程的过程来进行优化。比如，减少需要延迟等待的衔接点，把多项工作归口一人，实行工作的并行开展等。

某班组工具领取流程中由原来库管员和班组长两人审批，压缩为库管员专人审批，即流程的优化。

第二，改变流程中信息流的传递。

班组流程中，每一个活动都伴随着信息的传递。信息传递顺畅与否决定着流程是否能严格高效地执行。

针对流程进行优化和完善、缩短流程运行的时间周期、提升运行效率，我们可以通过创新技术实现信息快速传递。比如，电子信息公告板实现了信息的无缝传递，使得流程信息透明，避免了信息延迟和阻塞所带来的流程运行不畅。

某厂在生产现场树立了巨型电子提示板，对工作流程中每一个活动的完成（工序）情况，如数量、品种、下一环节转入到哪一个工序等都清楚地显示出来，保障了各个活动之间的紧密衔接。

（3）推进班组流程的规范化、标准化

班组流程建设中最为核心的一步就是流程规范化、标准化。要想让流程真正发挥作用，就要形成人人皆知、人人遵守的标准。

流程的标准化推进工作，要求围绕关键流程创建流程体系、描述流程图，制定基于每一个岗位、每一个人的职责说明书，并结合岗位职责说明书制定流程中对每个步骤的考评办法。

流程描述完成后，既要收集、整理成册，作为日常工作的指导，又要张贴出来进行公示，使每名班组成员对流程要求了然于心，落实于行为。

（4）对班组流程进行持续评估

班组流程建设不是一项短期的行为，流程制定好了并不代表从此一劳永逸，任何流程都有时效性，都是动态的。班组的任务和工作需要随着企业发展、周围环境的变化而不断调整，这就要求流程的制定者要对流程的执行情况不断进行监控和评估，确认考评流程制定时的依据是否还存在，流程是否还适应企业现在的发展。只有对流程持续进行评估，发现问题，及时调整，流程才是活的流程、有生命力的流程。

表5-1是某企业的生产作业流程分析表，即通过对现有流程的分析，评估流程的适用性和可持续性。

表5-1 某企业生产作业流程分析评估表

作业部门			编号			分析结果（分配）			
作业名称			编号			项目	老法	新法	节省
研究者			年 月			操作			
审核者			年 月			搬运			
						储存			

步骤	工作说明	类别				距离	重量	时间	现状分析要点				改善要点			
		操作	搬运	检验	储存				目的	地点	人物	时间	方法	删除	合并	重排	简化
1		○	△	□	◇												
2		○	△	□	◇												
3		○	△	□	◇												
4		○	△	□	◇												

（续表）

作业部门　　　　　编号	分析结果（分配）			
^	项目	老法	新法	节省
作业名称　　　　　编号	操作			
研究者　　　　　年　月	搬运			
审核者　　　　　年　月	储存			

步骤	工作说明	类别				距离	重量	时间	现状分析要点					改善要点			
^	^	操作	搬运	检验	储存	^	^	^	目的	地点	人物	时间	方法	删除	合并	重排	简化
5		○	△	□	◇												
6		○	△	□	◇												
7		○	△	□	◇												
8		○	△	□	◇												
9		○	△	□	◇												
10		○	△	□	◇												
11		○	△	□	◇												
12		○	△	□	◇												
13		○	△	□	◇												
14		○	△	□	◇												
15		○	△	□	◇												

二、精细化流程建设的工具

1. 流程选择工具——80/20 法则

流程选择就是确定流程梳理、优化的目标。流程选择可遵循

80/20原则,即20%的流程属于和班组目标息息相关的关键流程,80%的流程属于围绕关键流程的次要活动。

班组流程建设首先应关注关键流程,确立那些产生80%价值流的作业活动为关键业务流程,并以此为主导细化其执行过程中每一环节的子流程;对于那些与核心价值流产出不具有相关性的作业和工作活动,则尽量设计简单的执行环节,避免流程烦冗而给班组工作带来压力。

2. 流程问题分析工具——鱼骨图

进行流程诊断和问题分析,可以采用传统的鱼骨图,分别从管理、人员、方法、设备、环境、原材料等六个方面进行分析,经过层层归因,最终找出瓶颈问题(如图5-3所示)。

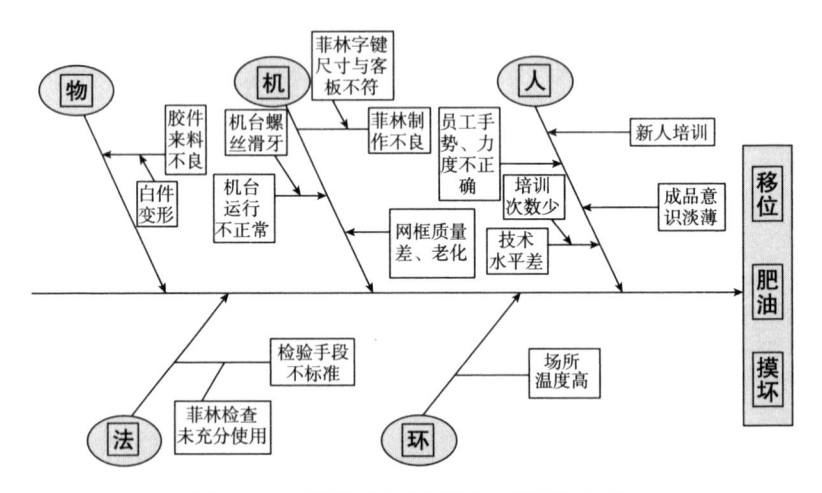

图5-3 某班组利用鱼骨图分析现场问题

3. 流程绘制工具——泳道式图表

流程图是描述和记录流程最清晰的工具。流程图的绘制是班组流程建设中必不可少的一步。绘制流程图可以使用多种工具，在此仅介绍泳道式图表。

泳道式图表普遍应用于业务流程的绘制，用来描述业务活动与业务能力之间的交互关系。泳道式图表设定不同的"泳道"，每一个"泳道"代表一种角色，即任务的执行者，再依次把任务放入相关的"泳道"。

泳道式图表能够明确每一项业务流程所需执行的具体步骤，明确相关任务的责任人及角色，明确与流程相关的文档记录，同时将复杂的流程分解为简单的步骤，清晰地表明了流程中关键的决策点。用泳道式图标绘制的流程图便于发现问题，持续改进（见图5-4、表5-2）。

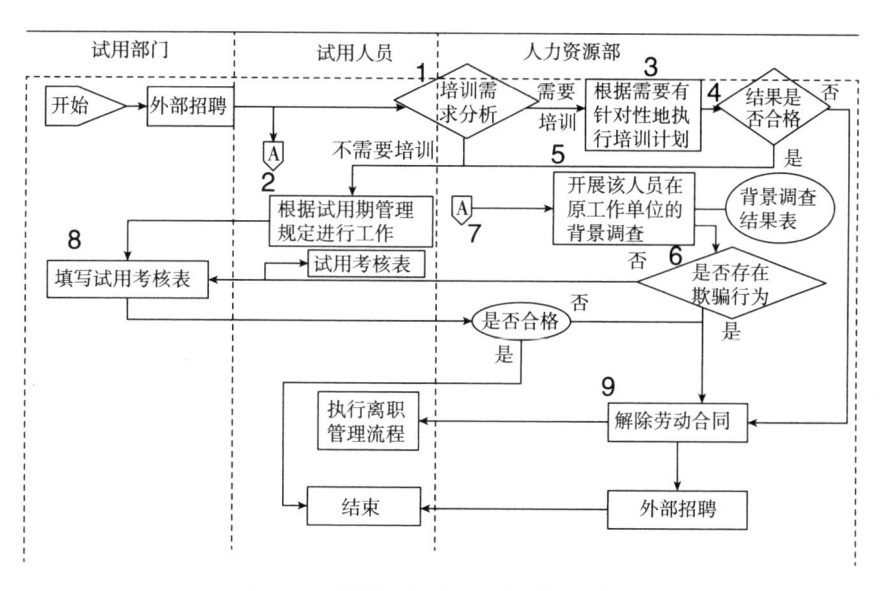

图5-4 某公司人员试用期管理流程

表 5-2　某公司人员试用期管理流程说明

流程步骤	工作内容的简要描述	重要输入	重要输出	相关表单
1	对外部招聘的新员工进行培训需求分析（学历、经验、培训历史等），判断是否需要进行培训	招聘流程	培训需求	
2	根据试用期管理规定进行工作	试用期管理规定		
3	如果需要接受培训，则有针对性地实施培训计划			
4	接受培训的结果表明该员工能否胜任未来的工作			
5	新员工办完原单位的离职手续以后，人力资源部对其背景情况进行核实，包括向其原单位的同事了解		背景调查结果表	背景调查结果表
6	如果发现欺诈行为，立即中止试用期			
7	由人力资源部制作试用期考核表，并发放给相应的试用部门		试用期考核表	试用期考核表
8	在试用期结束时，试用部门的主管填写试用考核表，对其表现进行评估，如果发现员工的表现比较差，尽早解除劳动合同		试用期考核表	试用期考核表
9	如果发现聘用员工不能胜任工作，表现不合格，则解除劳动合同，发放解聘通知书		解聘通知书	解聘通知书

三、精细化流程的评估工具

确定流程是否适用，可以采用 5W3H 法，从流程设立的目的、范围、执行情况等各方面进行评估。

5W3H 运用方法如下。

目的（why）：为什么要设立这个流程？重要性和必要性如何？能起到什么作用？

流程活动的内容（what）：流程每一个环节的工作内容是什么？流程活动产生的价值流是什么，具有哪些增值性？

组织分工（who）：流程要求由谁或哪些人去做？他们分别承担什么职责和任务？

工作切入点（where）：从哪里开始入手？按什么路径（程序步骤）开展下去？到哪里终止？

工作进程（when）：工作程序步骤对应怎样的工作日程与安排（包括所用时间预算）？

方法工具（how）：完成工作需用到哪些工具、方法及关键环节、策划布置（工作方案的核心）？

工作资源（how much）：完成工作需哪些资源与条件？分别需要多少？

工作结果（how do you feel）：工作结果如何预测？

第六章

班组制度建设
——健全卓越班组的体制框架

第六章 班组制度建设——健全卓越班组的体制框架

好的制度促进发展，坏的制度阻碍发展。一个班组如果没有制度，谈何管理？班组制度是班组文化的重要组成部分，是班组的基本准则，对维护班组正常运作及规范员工行为具有不容忽视的作用。

第一节 实效制度是班组正常运转的保障

制度是班组成员的行为规范，是班组高效运作的活力源泉，也是班组有序化运行的体制框架。

美国哲学家约翰·罗尔斯在自己所著的《正义论》中提到过一个分粥（实际上是对分配财富的比喻）的故事。

七个人生活在一起，每天共吃一锅粥。起先，每个人都抢着去盛粥，抢在前面的盛得多，后面的就只能饿肚子，由此引发了很大的纷争。如何把粥公平地分配给每一个人，是他们需要解决的最大问题。

经过商议，他们决定指定专人负责为大家分粥。很快，所有人都发现，粥分得有多有少，分量还是不一。

他们又决定由七个人轮流分粥。不久，大家又发现，谁分粥，谁碗里的粥最多。

于是，他们又决定抽出三个人成立专门的分粥小组，可是为了分得均匀，这三个人每天总是争执不休，闹得大家只能饿着肚子看粥凉。

如何更有效地分粥？

最后，他们想出了一个办法，即七个人轮流分粥，每天分粥的那个人要等其他人拿完之后再拿。

此后，每天的粥都分量均匀，很少有偏差。七个人从此在分粥的问题上相安无事，再没出现过争执。

这就是著名的分粥法则。

简单的分粥行为，体现了制度的重要性。一个合理公允的制度，能消除管理上的纷争和混乱；一个实用有效的制度，能保障企业的正常运行。

一、班组制度的四大功用

班组制度的作用主要体现在如下四个方面。

1. 班组制度是班组赖以存在的体制基础

班组是企业最基本的生产单位，主要依靠制度组织、安排各种生产要素，因而班组制度是班组组合各种生产要素的核心纽带与基础。

没有班组制度，就谈不上班组的存在和发展。

2. 班组制度是班组及其成员的行为准则

班组本身的运作，以及班组成员的各种活动行为，都必须受到班组制度的约束。班组制度决定了班组本身，以及班组成员的行为规则和行为规范。班组及班组中的每一位成员，都必须遵守班组制度，不能违反班组制度中的任何一项。

3. 班组制度是班组有序化运作的基本保障

班组要实现有序化运作，就必须依据相关的标准，按照一定的程序运行。这个程序不是别的，就是班组制度。没有合理的班组制度，就不可能有班组有序化的高效运作。

4. 班组制度是班组高效运作的活力之源

虽然班组的活力源于多方面，但主要还是来自合理的班组制度。如果班组制度有利于调动班组成员的工作积极性，班组就有活力；反之，班组则会死气沉沉。由此可见，班组制度是班组活力的重要保证。

正因为班组制度有着上述四方面的重要作用，所以班组长应该注重班组制度建设，解决班组制度的合理化问题。否则，就谈不上班组充满活力、有序化运作，当然更谈不上班组的高效生产。

二、建立班组实效制度的三个关键点

无可否认，一套完善、合理的班组制度能规范员工行为，使班组各项工作有章可循，提高班组管理效率与质量，是班组长管理班组的撒手锏。然而，如何才能建立完善、合理的班组制度，确保制度的实效呢？我们可以从如下三个方面着手。

1. 把握制度建设的要点

班组制度建设是一项系统的工程，必须把握住要点，才能做到有的放矢。概括来讲，班组制度建设需把握如下要点。

（1）结合实际情况

任何一家企业都有自己的目标与宗旨。制定班组制度必须结合企业及班组的实际情况，以企业规章制度为基础，与企业文化相适应。只有这样，班组制度才能不与企业目标和宗旨相背离，确保制度的实效性。

（2）确定权限

在制度建立过程中，必须明确各岗位班组成员的工作权限与工作内容，制定职务说明书，避免责权不明，保证班组作业程序合理化、畅通化、标准化。

（3）编制文件

班组制度必须以文件的形式予以确定，并保持稳定，而不是由班组长口头表达或朝令夕改。

（4）班组长以身作则

班组长的各种行为往往会成为员工效仿的榜样。如果班组长对班组各项制度不予重视，或敷衍了事，那么员工就会觉得班组的各项制度是用来吓唬胆小者的，没有任何实际意义，自然也就不会真正去遵守，甚至会去破坏。

只有班组长以身作则，带头执行，不搞特殊化，班组才能形成尊重制度的良好氛围，班组管理水平才能真正得到提高。

（5）宣传、教育、沟通

班组成员的素质参差不齐，让员工立刻改变由来已久的不良工作习惯是不切实际的。因此，进行班组制度建设应首先要了解员工心态，不断对员工进行制度宣传、教育和沟通，让员工认知制度建设的目的，进而积极转变态度，形成对制度的敬畏，矫正自己的不良行为。

（6）维护与改善

制度执行需要适时维护，班组可成立稽核小组监督班组制度的执行情况，纠察和矫正不规范的行为。同时，还要注意制度的合理性与时宜性。如果发现制度存在缺陷，就必须立即进行改善，以保证制度的实效性。

2. 强化制度的规范意识

强化制度的规范意识，是班组制度建设的关键一环。只有具备一定的规范性，制度才能发挥作用。朝令夕改、毫无规范的制度，不能称为制度，更不要说发挥积极作用了。认真分析世界500强企业，我们不难发现，它们有一个共同的特点，即有一套规范性的企业制度且该制度被规范性地实施。

要保证班组制度具有规范性，就必须在制度建设中坚持如下原则。

（1）周密性原则

理想的制度应当在出台前后考虑到各种因素及可能遇到的情况，做到措辞周密、无懈可击。

（2）可行性原则

制定班组制度必须根据班组的实际情况，保障切实可行。因为制度一旦脱离实际，即使书面上再严谨、完整，也无法在实际中贯彻落实，到头来只是个"空中楼阁"。

（3）时效性原则

制度必须讲求时效。对值得赞扬的行为，不及时奖励，班组成员就会感觉不被重视，积极性被挫伤；对违规行为，不及时处罚，当事人就会心存侥幸，不思悔改，更严重的是，有可能造成其他人接二连三地效仿，给班组管理带来严重混乱。

（4）公平性原则

班组制度一经公布，就对包括班组长在内的班组内部的任何人都具有约束力。

3. 避开班组制度建设的误区

班组管理制度的重要性不言而喻。然而，我国一些企业班组制度建设往往因缺乏专业知识而使班组制度的制定和修改显得过于随意、频繁，导致制度的权威性、有效性不足，令员工难以适应，甚至怨声载道。

为什么会出现这种局面呢？就是因为企业陷入了制度建设的误区。

第二节　制度建设存在的难点和误区

有制度，无执行，制度形同虚设；有制度，无规范，制度朝令夕改；有制度，无实效，制度僵化陈腐；有制度，无人心，制度引发对抗。

制度的简单化、粗暴化是制度建设中普遍存在的问题。

这种建立了制度，却起不到规范作用的现象，在很多企业的基层管理中比比皆是。

案例

A班组每天早上上班后准时召开班前例会，安排当日工作。但是，一些班组成员常常不是上班迟到，就是踩着点来，给开会时间造成了很大的浪费。

于是，A班组规定，每迟到一次扣10元钱。原以为此制度一出，迟到的现象就能够改善。但有几名员工依然我行我素，领完当月工资之后，还随手拿出来几十元钱交给班组长，说:"每月罚五六十块钱,我买个万事大吉。"

A班组的罚款制度为什么会失效?为什么制度的出台不但未形成应有的规范和约束,反而促成了少数人的公然违规?

很显然,10元钱的罚款对于"有制度而不依"的少数员工来说,也许不是他的痛点。

在很多班组,管理主要靠制度和考核,制度主要是"禁",考核主要是"罚",缺乏深层次的激励和引导。制度的出台也没有将管理的需要和员工的需要结合起来,找到员工最关心的利益点进行正激励和负激励,所以无法形成实效性的制度。

经调查我们发现,班组制度建设主要存在如下难点和误区。

一、有制度,无执行——形同虚设的制度

有法不依,法非法;有制度不执行,等同于没有制度。"制度好定,但执行起来困难",正是企业所公认的难点。

有制度,无执行,原因何在?经过研究和总结,我们发现造成制度形同虚设的原因主要有如下几个方面。

1.制度监管有漏洞或者不到位

监管有漏洞或者不到位的制度称为"概率制度",具体表现为:违背了制度但不被发现就"万事大吉",受到制裁的就"自认倒霉"。这样的制度在一定概率上形同虚设。

案例

某厂规定一线员工每天下班前必须做完现场的清洁，每周五集体还要开展一次6S检查活动。于是，很多员工就把清洁工作放到了周五，平日里疏于打扫。虽说上级会随机检查，但全厂几十个班组，他不可能都一一检查得到，所以很多班组成员看准机会偷懒。那些被抽查到了没执行而被扣了班组绩效分的"自认倒霉"，而那些没被检查到的就认为"万事大吉"。

制度的出台要配合完善的监管措施，有漏洞的制度势必导致执行无力，起不到应有的作用。

2. 制度被惯例取代

导致"有制度，无执行"的另一个因素是制度往往被惯例取代。

案例

D班组为保障产品质量，制定了详细的工艺操作规程，规定在工作中必须严格按照流程来操作。比如，原材料的取用要称量，设备的启用要测温。但事实上，很多班组成员自认为经验丰富，往往凭经验和惯例进行操作。终于有一次，一批产品因经验主义导致质量不合格，几十万元的合同也付之东流。

惯例不能等同于制度，不成文的惯例往往缺乏科学性、严谨性。班组内形成的所谓惯例，往往导致执行的偏差，继而出现"差之毫厘，谬以千里"的情形。

3. 管理者没有以身作则

任何组织内部，管理者的态度和行为总是影响着制度的执行效果。俗语说，上梁不正下梁歪。一个制度的推行，管理者必然要起带头作用。只有管理者以身作则，身体力行，严格遵守制度，才能确保制度的尊严，使员工信服。否则，制度就会成为一纸空文。

案例

某班组曾经发生过一件小事，差点儿引发了一次制度危机：该企业规定员工进入生产现场必须佩戴安全帽和PPE（个人安全防护用品）。一次，某兄弟单位派人来公司参观，上级安排企管部的主任陪同客人到该班组进行参观。班组长接到指令后立即部署，并为他们每个人都准备了安全帽和PPE。

在参观的过程中，企管部的主任随手拿起了安全帽，倒挂在手腕上，随行的参观者也纷纷效仿。此事正好被在现场的企业领导看到。事后，领导就这件事情在会上进行了点名批评，还扣了该班组参与评优的分数。很多班组成员为此愤愤不平："明明是企管部的主任带头不执行规章，为什么受批评的竟然是我们？"员工的工作士气也受到了影响。

制度严明的前提是对所有人都产生约束。上例中该班组理应遵守安全管理制度，对参观者进行提醒；作为上级的企管部主任更应该以身作则，谨遵制度。

二、有制度，无规范——朝令夕改的制度

制度要发挥功效，必须在一定时间内具有统一性、规范性，切忌朝令夕改。管理者出台管理制度时不严谨，没有经过认真的论证就仓促出台，经常性的朝令夕改，只会让员工无所适从，即使有再好的制度，也难以得到有效执行。就如"狼来了"的故事，喊得多了，就会失信于民，再好的制度也会成为一个空架子。

华为有句著名的九字格言："先僵化，后优化，再固化。"该格言是指对于引进的先进管理体系，五年之内先严格执行；五年之后才能谈局部优化；至于结构性调整，则是十年之后的事情了。正是始终如一地尊重和贯彻制度，才成就了现在的华为。

三、有制度，无实效——僵化陈腐的制度

什么叫僵化陈腐的制度？我们来看下面的这个故事。

在一个非常寒冷的冬天，有个一向以管理严明著称的富豪坐在自己家的炉火旁闭目养神。天很冷，富豪命令用人把他的躺椅靠近炉火，然后把肥胖的身体紧紧嵌在椅子里。渐渐地，富豪觉得自己身上燥得慌，脸上发烧。他环顾四周，

发现身边的四个用人只剩下了三个,于是就问另一个用人的去向。这三个用人告诉他,那个人刚才跟管家请了假,有事离开了。

富豪看着他们,想说什么,但思考了一下,又闭上了眼睛。

午饭时,用人们请示富豪,发现富豪昏昏沉沉,根本没办法清醒。他们找来医生一检查,富翁已经发起了39.4℃的高烧。没过多久,高烧又引起了严重的并发症。医生说:"这都是炉火温度过高造成的。"几天后,富豪生命垂危,在弥留之际,医生不解地问富翁:"这么多用人为什么不把椅子往后挪一挪,离炉火远点?"富翁艰难地告诉医生:"不能怪他们,他们都是有分工的,负责把椅子往后挪的用人那天请假了。"

制度的作用在于各司其职,形成规范,但僵化的制度和呆板的执行却使富豪丧了命。

不能真正将管理的内涵体现到位的制度,在执行中无法针对异变情况应变的制度,都是僵化陈腐的制度。对于组织根本利益和核心目标的把握,是制度建设必须实现的目标。如果制度的执行和组织的利益冲突,那么制度本身就是僵化、不合理的。

比如,某企业制定了烦琐的原材料管理制度,材料的领取要经过三个部门的审批,未使用完的原材料要在当天生产结束后重新办理入库。这给连续生产的工作造成了很多的时间浪费。

四、有制度，无人心——引发对抗的制度

人往往有拒绝被管理的天性，所以每当一个新管理制度出台，员工心中都会产生本能的抵触。多一个制度，就多一层约束，就意味着更多的违反规定、犯错误的可能。制度制定越严格，员工的对抗情绪越大，执行过程中就越消极，制度达成率就越低。

案例

杨明是刚毕业半年的大学生，在S班组进行基层实习。对于工作，杨明充满热情，也很有想法。恰逢S班的班组长外出学习三个月，杨明就被上级任命为代理班组长，暂时管理班组。

杨明很快就进入了角色，并开始大刀阔斧地进行"改革"。首先，杨明从完善管理制度开始，两个星期内便发布了近十条管理制度。从卫生管理到设备使用，杨明都制定了细化的制度规范，并召开班组会议要求大家严格遵守实施考核，考核结果与当月的奖金挂钩。

制度公布后没多久，班组里十几名员工被杨明批评了一半，杨明还对其中的五名员工进行了经济处罚，当中还有一名是和他一起被招聘来的同班同学。杨明的举措不但没有成效，反倒引起了大家的抵触，很多人对杨明的意见很大。几个和他关系不错的人，也纷纷对杨明敬而远之，班组里的气氛大不如前。

杨明错了吗？为什么引起了班组成员的强烈抵触？

杨明细化制度的出发点没有错，对于制度无论亲疏、坚决执行的职业精神也没有错，错的是他推行制度的方式——既没有考虑到班组成员的接纳度，简单粗暴地"强制执行"，又没有广泛征求班组成员的意见，实施"单边新政"。出台的制度失去了大家的支持，这自然就引发了班组成员的集体对抗。

如何避免制度引发对抗，获得全员支持呢？

班组的制度建设，是对管理的规范、对员工行为的引导、对班组建设中各个环节产出成果的保障，更是班组管理人本化的需求。所以，制定制度必须注重制度建设中最核心的因素——人的研究。

首先，人既是制度建设的主体，又是制度建设的客体。换句话说，人既是制度的制定者，又是制度的履行者。所以，制度建设首先要消除人和人之间的对抗。制度建设不是少数人约束多数人，也不是管理者约束普通员工，而是基于所有人达成的共识，用共识来形成约定，用共识来促进制度的推行。

其次，制度的出台和推行不单单依靠强制执行和奖惩考核，班组制度建设重在建立一个透明化的管理环境，用环境的力量来规范非良性的行为，用环境的力量来推动制度执行到位。

最后，制度建设还要能体现出人性化管理的需求，制定出符合事物发展规律、能够体现对人的权益进行保障的制度。

第三节 班组建设实效制度的方法

用价值观管理取代强制性管理，用自省式管理取代督察式管理，是班组建设实效制度的两种方法。

一、制度公约化——用价值观管理取代强制性管理

制度公约化就是在班组制度建设中，用价值观取代强制性管理。在此过程中，需注意如下几个问题。

1. 公约的四大特点

公约是社会组织或团体为了维护公共利益，通过讨论、协商所制定的、约定大家共同遵守的规则。

公约具有如下四个特点。

（1）公众约定性

约定性是公约的突出特点之一。公约不是正式的法律和法规，而是由订约单位或订约人自愿协商缔结的公共约定。它一般产生于社会团体或民众之间，有一定的民间特色，只对参与者产生道德约束力，

不具备法律效应。

（2）长期适用性

一般情况下，公约所涉及的内容都具有稳定性，因而公约不会在短时间内失效。因此，制定公约时应充分考虑到这一点，将大家共同关心的、具有长期意义的原则性事项纳入公约。一旦原有的公约过时，就应立即讨论、制定新的公约。

（3）集体监督性

公约被公众认定，就成为行为和道德规范。订约双方都有履行公约、以公约为准则监督别人的义务。发现违背公约的行为，大家都有权予以批评和谴责。

（4）基本原则性

通常情况下，公约的内容为一些基本道德准则和精神文明建设原则，不涉及具体行动的方法和实施措施，因而多短小精悍。

公约所具有的四大特点体现了公约的制定能够有效消除员工的对抗，确保制度长期适用，集体的监督又能够保障公约的有效执行。所以，制度公约化是班组制度建设的高效方法。

2. 如何建立班组公约

为了将这个问题阐述得更清楚，我们结合上一节"有制度，无人心"所提到的那个案例来讲。

第六章 班组制度建设——健全卓越班组的体制框架

案例

杨明以考核促管理的"高压政策",引发了班组成员的消极对抗,这使得杨明大为受挫。经过这件事,杨明主动和上级沟通,寻找原因和对策。

此后,杨明在上级的指点下,决定召开一次班组会议。在会上,杨明首先就自己前段时间简单粗暴的管理手段向全体班组成员道歉。随后,他还就当前班组管理中的一些问题和大家进行了开诚布公的沟通,强调了班组完善制度建设的迫切性。

杨明特别提出了自己管理班组中的几个问题,请求大家帮助他一起来解决,倡导采用民主决议的方法由大家商议一个对策。面对杨明的开诚布公,很多班组成员也慢慢改变了先前的抵触态度,参与到了对班组现状的管理分析当中。

在杨明的引导下,班组成员开始变得积极起来,纷纷就班组管理提出了自己的建议和看法;就很多急需解决的问题,讨论议定出了对策,还自动自发地细化了很多制度。经过长达四个小时的热烈讨论,大家纷纷签名承诺,制定了班组公约。

班组成员为什么从对抗杨明转变为支持杨明?为什么从一开始抵触制度转变为自动自发地制定制度?

很显然,当杨明以制度的卫道士面目出现时,班组成员自然成了制度执行的被监督者、有破坏制度嫌疑的人。在这样的状况下,班组内的相互信任不可能出现，员工对杨明管理的抵触，不是针对他个人，而是针对杨明在管理中的角色。

当杨明调整自己的角色，承认强权的错误，接受批评，并邀请班组成员参与班组问题分析和制度制定时，杨明成为被监督者，员工的心理定位被调整，成为班组工作的主人翁，以班组为家的责任意识自然产生。

所以，制定公约首先要发动全员的力量，全员参与公约建设。此外，班组公约建设还应该遵循如下要点。

第一，班组长是发起人，而不是制定人。

第二，在讨论公约的过程中，班组长是引导者，而不是决策者；所有条款的确定，都要由全员通过。

第三，公约带来的是道德约束力、精神约束力，企业各项管理制度管理的对象是人的行为结果，公约管理的是人的精神、价值观、行为的出发点。

第四，公约可以包括员工的职业化操守、如何贯彻某项制度、如何建立红旗班组等各个主题（如图6-1所示）。

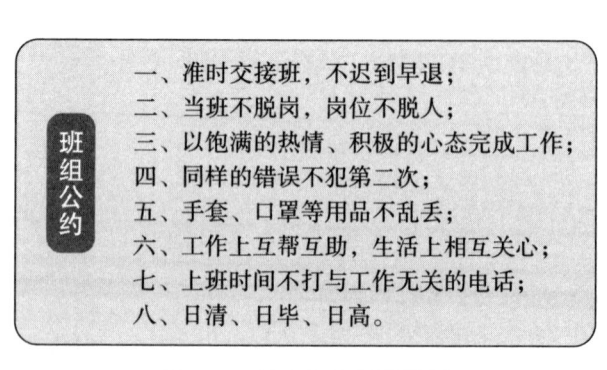

> **班组公约**
> 一、准时交接班，不迟到早退；
> 二、当班不脱岗，岗位不脱人；
> 三、以饱满的热情、积极的心态完成工作；
> 四、同样的错误不犯第二次；
> 五、手套、口罩等用品不乱丢；
> 六、工作上互帮互助，生活上相互关心；
> 七、上班时间不打与工作无关的电话；
> 八、日清、日毕、日高。

图6-1 某班组的公约看板

第五，公约最后必须由全员签字，签字意味着承诺，意味着自我约束。

第六，公约的落实，由全员自主管理、相互管理；班组长发现执行当中的问题，需要拿到班组会议上公开讨论，以达成全员共识，引导班组文化的形成。

班组制度公约化，是班组建设从专制到民主、从被动管理到自主管理的主要标志。班组公约，不是对管理制度、操作流程的否定，而是通过制度公约化的引导，将企业的各项制度内化于心，形成全员参与、全员管理的组织行为。

二、管理环境化——用自省式管理取代督察式管理

制度落实不到位是班组最为常见的现象，也是班组管理的顽疾之一。

事实证明，单一依靠公约化的制度，不足以保障每一项制度完全落实到位。制度公约化的主要作用是转变员工的心理机制，但心理机制的转变只能保证员工工作的出发点、工作方向是正确的，而不能保障执行到位。

人往往最容易忘记的就是规则，不管是自己制定的，还是别人规定的。在员工忘掉规则、违背制度的情况下，班组长站出来批评处罚，容易把制度公约化的成果断送，使得班组重新陷入管理与被管理的博弈局面。

那么，如何解决这个问题？

最简单的做法就是建设透明化的管理环境。具体可以从如下方面着手。

1. 制度透明化

制度管理，不单纯要制定制度，更主要的是将制度公示出来，让员工可以自我监督；不仅自我反省，还可以观察其他人的工作是否符合标准，形成人人都是管理者的工作机制。

我们常常会看到一家企业的制度墙，墙上挂的是企业的规章制度。这样的做法就很透明。员工能够一目了然地了解企业的规定，从而在工作中注意，认真遵守，不触犯制度。

2. 标准透明化

工作标准不是放在文件柜里的，而是要体现在工作现场的。一个图标、一条黄线就是一个标准，这样的标准，能及时提醒员工遵守制度和规则，形成时时提醒的机制。

实行透明化管理要注意与实际情况相结合，让各种事情做到真正透明，这样才会形成一个强大的利益共同体，让员工在主观上为自己谋利，在客观上为企业谋利。只有这样，员工才能真正关心企业，了解企业，才有可能发挥积极性，努力工作，为企业创造价值。

◯ 业界实例

某移动通信公司某班组的新型班组制度建设

某移动通信公司在全省各下属单位开展了卓越班组创建

活动。

作为该公司下属某单位的一名班组长，小周在这次卓越班组创建活动中，带领她的班组开展了班组文化建设、班组信息化平台建设、班组制度建设等，取得了良好的成绩。

制度建设一向是班组管理中的难点，制度建设体现着班组现行的管理是否完善。在开展一系列班组建设工作的同时，小周班组创建和完善了基于管理模式升级的新型班组制度体系。

主要操作及成效如下。

第一，调动全员参与制度建设与创新，并形成班组公约。

小周班组在制度建设的过程中，充分调动班组全员的力量，以分组的形式，组织班组成员参与制度的创建与讨论。每一条制度的制定都由大家群策群力。制度制定的过程，既体现了全员参与、全员创造，又保障了制度的合理性和效率，无形中消除了班组成员对制度的抵触情绪。

第二，制度建设紧密结合班组建设各项活动的开展，具有实效性。

在八九点管理咨询专家的指导下，小周班组在"活力100"班组建设中导入了全新的管理模式——自主高绩效管理模式，强调班组内部全员参与管理，共建班组的和谐和高绩效。班组还积极开展班组早晚会管理、文化建设和日常化学习活动。为了把这些活动持续开展下去，形成长效的管理模式，班组长和全体班组成员又一起制定了案例制度、文化管理制度、学习制度等十大制度，形成了科学实用的班组制度体系。

第三，制度建设体现着班组建设的成果，具有长效性。

在创建班组制度的过程中，很多班组成员大胆创新，对原有的、落后的制度进行了改革，把班组建设中的创新管理模式和创新行为固化下来，落实在制度中，有效地保证了班组建设的成果。

该班组在制度建设中形成了十大基本制度。

一、例会制度

（1）班组例会要求班组全体人员按时参加。

（2）班组例会定为两种：

日例会（每个工作日），定于每天接班前15分钟召开；

月例会，一般安排在月底或月初。由各小组长根据排班情况确定例会的时间、地点，提前告知班组成员，全体班组成员无特殊原因都应按时参加会议。

（3）日例会由组长主持，月例会的主持人按考勤表顺序由班组成员轮流担任，当次会议结束后确定下次会议的主持人。

（4）日例会内容包括：

①考勤签到；

②组长总结昨天的工作情况（接班后由组长把昨天的工作量通过便笺的方式发给各班组成员参考）；

③向班组成员通报最新的业务消息；

④汇总工作上的疑难问题并进行解答；

⑤强调当天工作中可能出现的业务问题和服务上的薄弱

环节。

(5) 月例会内容包括：

①组长对上月班组绩效情况、工作问题进行总结；

②班组成员发表意见或提出建议（每人不超过2分钟）；

③组长针对班组成员发言给予回复，未能回复的问题记录下来以便后续反馈；

④组长向班组成员公布下月工作计划。

(6) 月例会召开之前，由主持人带领班组成员开展游戏活动，活跃会议气氛；游戏需要主持人事先准备好，全员参与。

(7) 月例会主持人应提前做好准备工作，如准备好会前的小游戏、会上的发言；会议过程中，控制好会议进程，做好考勤和会议记录，拍好照片等；会后带领班组成员清理会场。

(8) 日/月例会会议纪律：会议期间必须将电话设置为静音或振动，未经主持人允许不得擅自离席。

(9) 日/月例会结束时，主持人带领大家喊出班组口号。

(10) 月例会结束后，主持人应整理会议纪要及照片，并将会议纪要发布在信息平台上。

二、计划管理制度

(1) 组长及各小分队队长要根据工作计划统筹规划各项工作，根据PDCA原则保证各项工作做到事前有计划、事中有控制、事后有总结、事事有改进。

(2) 小组工作计划包括部门班组年度工作计划、班组月工作计划、小分队月工作计划三种。班组年度工作计划主要围绕部门年度工作目标和考核指标开展，制订班组年度工作计划表；班组月工作计划围绕一个月内的业务指标和任务展开，制订班组月工作计划、小分队月工作计划。

（3）班组年度工作计划在班组的年度会议中制订、开展、总结。

①年初会议中公布计划、实行分工，会后填写好部门年度工作计划表。

②年中会议对上半年工作计划的进度、情况、问题进行总结，根据实际情况进行适当调整。

③年终会议对过去一年的工作计划完成情况、质量情况、存在问题进行总结；交流工作经验，表扬表现突出的班组和个人。

（4）班组月工作计划，针对班组成员的业务工作，由班组长带领班组成员在每月的班组例会中制订、开展、总结，并填写工作计划表。

（5）小分队月工作计划，针对班组小分队成员工作情况，由队长带领其班组成员在每月的队内例会中制订、开展、总结，并填写小分队工作计划表。

（6）班组例会后，各队长必须填写队内日工作计划表，即当日的工作计划及完成情况，并在例会中汇总到组长处。

（7）班组年度工作计划、班组月工作计划、小分队月工作计划项目的时间进度和阶段性目标相衔接；各队长必须在召开班组月例会前填好上半月的工作计划完成情况和下半月的工作计划表，并汇总给组长。

（8）各个分队将每周完成的工作情况发布在信息平台上。

三、质量管理制度

质量管理制度主要针对话务员的客户服务质量，其中包括话务员的业务水平（业务受理、业务咨询）、服务态度、在线营销能力等。部门管理者应采取先进的、双赢的管理模式来不断提升前台话务员的工作效率和工作质量，本班组质量管理制度严格按照上级主管部门质量管理要求来制定。

（1）质量管理内容包括：

①积极配合公司人力资源部对话务员的两个系统半月考、一月考，各小组在考前进行多次模拟考试，以巩固业务知识；

②轮流分派班组成员参加公司组织的新业务培训，然后由该班组成员给其他班组成员进行新业务培训；

③在每月的班组例会上，由该组的QC（质量控制）成员介绍提高服务质量的技巧。

（2）成立QC小组，每年由各班组投票选出一名话务员，成为QC会员，QC会员每年登记一次。全室每年拟定两个攻关课题，由QC小组进行研究分析，制订攻关计划、实施方案；每月定期召开小组会议进行交流，对话务员工作中的服务质量问题、近期常见业务难题等进行讨论，提出解决方案，提升工作质量。

四、创新管理制度

（1）班组内要大力推进业务创新（如话务员服务、业务技巧创新）和管理创新（班组管理创新、提高绩效方法的创新）活动，每月至少申报一个创新成果。

（2）班组内不定期举办创新沟通会，以此作为创新思想交流平台，并针对特定主题或非特定主题，通过创新接龙比赛、头脑风暴、水平思维法、日常用品创意讨论法等形式激发班组成员的创新思维。员工可在会上介绍本人最近的一个创新点子，其他员工进行补充，互相启发、互相完善。

（3）对于较为成熟的创新点子的思路，班组成员要积极提交创新提案。

（4）班组小分队之间开展工作创新竞赛活动，围绕公司的创新活动，各分队每个月至少提出一个创新提案，并评选出最佳的创新方案。

（5）班组设立一名创新管理员，负责评审本班组创新提案，并检查该提案是否符合公司规定的模板要求，是否与公司创新提案库的提案雷同或重复。

五、内部学习制度

（1）营造"快乐学习，激情工作"的学习氛围，在工作中不断成长，达到开阔视野、陶冶情操、提升素质的目的。

（2）建立定期学习制度，将小组分成三个小分队，每个月召开两次学习会。学习会的内容包括：

①好书齐分享。每次会议轮流由一名员工介绍近期阅读的图书或文章，分享书中精华和自己的心得体会；大家围绕该书的有关议题进行头脑风暴，分别发表意见、看法。

②健康学习。由于客服人员每天面对不同的客户，心理压力过大，班组可以每隔两周开一次健康讲座会议。例如，

可以围绕工作共同探讨一些减压方法、心理辅导心得，讲解一些健康食品制作方法，包括做饭、做菜等。

（3）转训制度。

①凡参加公司外聘讲师培训的员工，要将本人学到的内容在班组内转训，指导其他班组成员，并把培训内容和心得上传到信息平台共享。

②凡参加公司内部业务流程规范培训的员工，要将相关知识及时转训，以提高工作效率。

（4）独门秘籍交流。不定期组织员工轮流进行技能分享，介绍独门秘籍的员工要提前整理完成技能分享相关的文档、模板等材料，并发布在信息平台上。

（5）新业务学习与体验。各班组成员每月要学习体验一种公司推出的新业务，并尽量在工作中运用。

六、文化建设制度

（1）班组通过组织定期的文化、体育、娱乐等集体活动建立轻松、团结、和谐的班组文化氛围。

（2）定期开展文化建设活动。班组每个季度至少要组织一次集体活动，根据排班情况而定。可以开展一些运动项目比赛、户外拓展、烧烤、郊游、聚餐、辩论赛等活动，经费由全体班组成员共同分摊；每次活动轮流由一两名班组成员负责策划和筹备；把活动的照片上传到信息平台。

（3）积极进行班组文化墙建设。文化墙须体现各小组口号、档案、形象以及近期举办的各项活动、工作项目等内容，并要定期更新。

（4）班组文化信息平台建设。文化信息平台是班组文化建设的阵地，各班组信息平台必须上传全组成员的集体照、个人照，并附个人简介；信息平台要定期更新；班组成员每月至少应在信息平台上发表文章3篇。

（5）对参加公司征文比赛或在公司文化建设活动中发表文章，并获得奖项的班组成员进行积分奖励和适当的物质奖励，以增强班组的学习文化氛围。

七、激励制度

（1）积极参与上级部门所推行的"员工积分激励计划"。传统的考核体现了员工的综合素质，但个性化的积分服务能调动员工的积极性，使员工某一方面的特长能表现得淋漓尽致。企业需要综合素质的人才，也需要具有某一特长的员工。推出积分服务是为了让更多的员工来实现自身的价值。

（2）"员工积分激励计划"内容：

①员工可获得积分的内容包括服务类（服务明星奖、优秀录音奖、最佳案例奖、优秀团员、优秀团干、积极分子奖等）、创新类（创新提案奖、论文刊物投稿奖、业务运营奖、业务建议奖等）和其他类（全勤奖、最佳团队奖等）。

②员工积分可兑换的内容包括学习发展类（经典培训、精品讲座、外出交流、换岗体验等）、休闲活动类（演唱会门票、电影票、假期等）、消费类（优惠券、实物等）、团队类（签出培训、双休机会等）、借用类等。

（3）全体成员要在月例会上对上月工作成绩突出的员工进行肯定性评价，根据每月团队业绩排行榜评选十佳服务明星、每月最佳团队，并将获奖照片在班组信息平台、文化墙上发布。

八、沟通制度

（1）组长与班组成员之间应经常进行开放、自由、充分的沟通。建立班组与班组、领导与员工、员工与员工之间的沟通渠道，进行正式或非正式、口头或网络等多种方式、多种场合、多种内容的交流。每月定期举行经理沟通会，让各班组代表可以更直接地沟通，打破交流障碍，营造良好的沟通氛围。

（2）班组内部沟通制度的具体形式有：

①组长与班组成员之间建立谈心制度。组长保持每日与一位班组成员"亲密接触"，及时了解员工心态，进行适当指引。

②小组内部每个月召开一次谈心会议。班组成员在会上能自由发表自己在工作、生活中感悟到的点点滴滴；组长能够对问题进行现场解答，如不能解答则要向上一级汇报，事后要及时反馈给班组成员。

③组长沟通热线24小时开通，班组成员有什么问题可随时与组长联系。

（3）网络沟通方式。班组人员之间、班组内部、各班组组长之间可以建立QQ群、微信群等非正式交流渠道，方便工作及交流。

（4）跨班组集体活动。班组之间通过不定期组织集体活动，如羽毛球比赛、爬山比赛等，进行横向沟通交流。

九、财务管理制度

（1）透明的财务管理制度。设立专人负责班组财务管理及财务审核工作，每月需对班组消费明细进行不少于1次的通报。

（2）项目管理台账管理制度。每个班组要对本组负责的项目全权负责，包括立项申请、合同审批、费用报账、合同存档等过程控制。每个项目要通过台账制度进行管理，每个项目要在立项呈批件批准之日起1个月内进行合同审批，并自合同审批完成后3个月内进行MIS系统报账，报账完成后1个月内要将合同存档。

（3）慈善经费管理制度。要设立专员管理班组慈善经费，完整记录经费的收支，并向全体成员定期通报。

十、现场管理制度

（1）保持工作现场的整洁、有序、安静、安全。

（2）具体规范有：

①交接班管理。要做到有序、安静、快速交接，不可大声喧哗，影响他人。

②系统管理。不可随意签出系统、擅离岗位（包括小休超时、离开自己座席导致电话无人接听、无故签出、示忙、使用工作态等），不可利用系统资源做与工作无关的事（如发私人便笺、与用户闲谈、利用办公座机接听外呼私人电话、发信息或在电脑上玩游戏等）。

③班后要退出账号和系统，关闭电脑等。

④其他管理。工作期间保持坐势端正（如不可趴在桌子

上或靠着屏风），在工作室内应关闭私人手机；组长要定期做好现场监督工作。

点评：

　　制度建设的好坏体现班组现行的管理是否完善。该班组组织班组成员以公约的形式，创建和完善了基于管理模式升级的新型班组制度体系，既对管理模式日常运行进行了固化，又能强有力地保障班组建设各项活动的顺利进行。

第七章

班组机制建设
——开启卓越班组的动力之门

第七章 班组机制建设——开启卓越班组的动力之门

在班组管理中，一个好的管理机制的运用能够起到事半功倍的作用。管理机制侧重于对管理对象之间的内在牵制和约束，所以好的管理机制是一种很难逾越的力量，能够保证管理制度、管理方法、管理方案等都能得到很好的执行。

第一节　机制建设是班组建设的动力保障

> 机制的运用能带来无穷的力量，所以基层班组应加强机制建设，以机制运用替代刚性管理。

什么是机制？机器设备的内在构造和工作原理是机制，自然界的运行规律也是机制。机制是有机体的构造、功能及其相互关系，泛指一个工作系统的组织或部分之间相互作用的过程和方式。机制建设，简而言之就是创立和设计适合组织需求的管理机制，通常会依据某些心理学和经济学的科学原理而设计。

一、机制运用的原理与威力

机制和人是什么样的关系呢？一方面，机制离不开人，人设计和创立管理中的机制，机制运行过程中的承担者是人；另一方面，机制能够更好地激发人、规范人。

一套完备的机制通常会有两种体现形态：外在表现和内在表现。机制的外在表现为政策、法律、法规、制度、规范、习惯、习俗等的运行、作用；机制的内在表现则是这些政策、法规、规范、制度等内化而成的人们相应的素质以及人与人、人与事之间相互影响和制约的关系。

案例

某企业实行内部结构改革，很多班组被重新调整。A班就是由原来的多个班组合并而成的一个新班组。班组长老李从上任的第一天起，就面临着如何给人员重新定岗的问题，大部分人要重新适应新的工作岗位。

对于重新定岗，一些成员颇有微词，都觉得以自己的岗位能力和经验，应该获得新的发展机会。也有人冷眼旁观，等着看老李如何给大家定岗。

经过和上级及人力资源部门的多方研究，老李决定在A班开展竞岗活动。所谓竞岗，就是由每名班组成员根据自己现有能力和工作意愿申竞某个岗位，试岗两周之后，再由上级组织进行综合考评，最终实现以岗定人。

为确保该项活动的严谨和公正,老李在人力资源部门的指导下,制定了严密细致的竞岗活动说明书,同时制定了A班十几个新岗位的岗位要求和岗位职责。为体现竞岗评定的公正性,老李又组织全班成员共同制定了岗位评定的细化规则。

竞岗活动对班组成员的冲击很大,很多人热情高涨,纷纷提出岗位申请。一段时间之后,竞岗活动成功结束,班组的每名成员都各尽其职、各施其才,A班这个新成立的"混合班组"的工作很快步入了正轨。

上面案例里提到的竞岗正是企业管理中经常使用的管理机制——公平机制和竞争机制。

老李运用了两大机制很好地解决了传统的由管理者进行岗位安置而引起的矛盾和不公平,给予每个人同等的机会,同时以竞争调动人的积极性,确保人人能够施展所长。

由于机制更多体现的是管理中的各种互相影响的关系,所以机制的设计首先要科学、合理,能够实现对人的积极性的调动。其次,机制建设不是简单地出台几个制度、几项规范,而是要充分考虑人的心理,契合人的利益需求。如上面提到的竞岗本身和每个人的需求相对应,也和每个人的利益息息相关,就能起到应有的作用。

二、班组建设有必要引入管理机制吗

有人说,机制建设是企业管理中高层应该考虑的事情,基层管理根本用不着什么机制，只要有制度、有规范，照着做就可以了。

这是一种完全错误的观点。制度、规范固然重要，但只能从外部对人进行约束，而无法实现从内部对人的调动。换句话说，机制通过科学的设计来达到管理的目的，而制度通过对人的约束来达到管理的目的。

举个例子，一块构造精密的机械手表，在上了弦之后，不再需要任何外力的支持，却会长久地自动运转，就是因为各个构件之间的相互支持、相互牵引产生的内部驱动力在保障其持续运转。

在基层班组中引入良好的管理机制也会起到这样的功效。在班组建设中，班组长要善于引入科学的管理机制，用机制来调动人、促进人、规范人。同时要结合基层班组管理的需要，设计合理有效的管理机制，形成系统化的管理方法，从而保障基层班组持久、高效地运转。

1. 管理机制无所不在，无处不在

现实中，随处可以看见机制的运用：商场里此起彼伏的促销，是竞争机制的体现；媒体上迅速传播的新闻，是透明机制的体现；金融危机导致的"唇亡齿寒、一损俱损"，是全球化背景下价值机制、合作机制的体现。

企业管理也是如此，企业优胜劣汰是竞争机制的体现，奖勤罚懒是激励机制的体现，竞争上岗是公平机制的体现。

机制无处不在，无所不在，机制应用所带来的功效也显而易见。

班组建设中，管理机制的应用要结合班组管理的切实需要，依照机制的原理来设计一套行之有效的管理方法，只有把机制对人的影响、对人的调动转化为制度、流程甚至习惯，机制的作用才能得到最大限

度的发挥。

2. 管理机制是实现班组高效管理、自主管理的结构化方法

某知名经济学家曾经把机制比作"经济学中的地心引力",足见一个好的管理机制所起到的作用之大。

班组中引入一个好的管理机制,会充分调动人的积极性和主动性,实现班组的自主管理和高效运作。

竞争会激发人的潜能和创新意识,激励会激发工作热情,监督会保障班组工作的有序,透明会给予每个人自身利益的公正……各种管理机制的综合运用,会形成每个班组个性化的优秀管理模式和方法,确保班组高效、有序、和谐、健康地工作和发展。

3. 班组机制建设是班组建设的动力保障

班组建设工作是一项系统化的工程,需要从组织结构、文化、人员、制度、流程、管理模式等多层面、多维度齐抓并进,才能确保班组成为一个高效、能动的有机体。

班组建设也是一项艰巨的任务,需要每一个环节互相支撑,发挥统合综效功能。

总而言之,管理机制是班组建设工程的内部驱动力,是"四两拨千斤"的高效工具。机制建设的好坏决定着班组建设工作能否持续地开展,也决定着班组建设工作的成果能否长效。

第二节 班组建设中的八大管理机制

> 八大管理机制的综合运用，可形成对基层班组管理的强力驱动。

现实中的各种机制和衍生机制有上百种。很多企业和社会机构对机制视若法宝，言必提机制，认为机制是包治企业百病的灵丹妙药。

实际上，真正有作用的机制是适合组织特征和发展需求的机制，只有具备对管理中内在结构的制约和关联，能够对人实现激发和调动，才可以称之为企业适用的管理机制。通常，在班组建设中普遍适用的有如图7-1所示的八大管理机制。

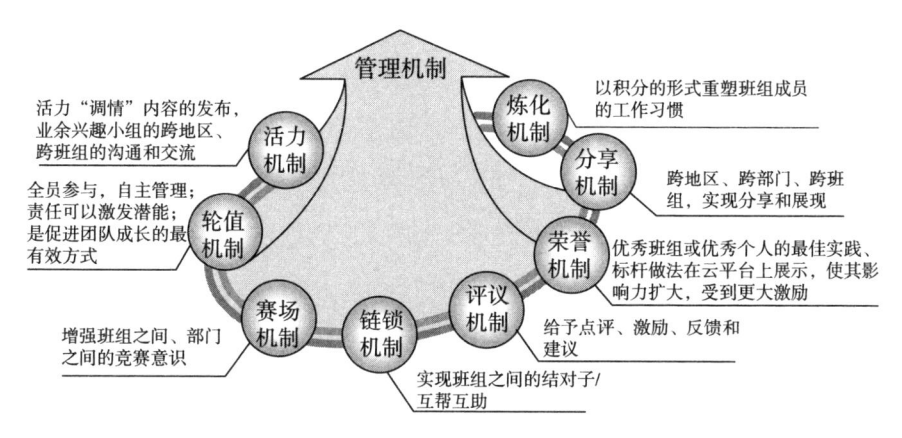

第七章 班组机制建设——开启卓越班组的动力之门

图 7-1 班组建设中的八大管理机制

一、活力机制

对于一个组织而言，充满活力的氛围是管理创新和业绩提升的重要支撑。活力，能够提振员工的士气，缓解工作中的压力，激发员工的潜能，增进组织内部的和谐，引导班组成员形成积极向上的价值观和团队文化。

1. 活力机制的管理学价值

活力机制就是营造一种氛围，塑造一种环境，激发员工潜能，调动员工积极性，缓解员工工作压力，提高团队的战斗力，打造和谐团队。班组的活力机制建设关系到班组建设的成败，关系到班组管理的效能，它是班组建设与发展必不可少的关键驱动力。

2.活力机制的实践应用

（1）班会活力仪式

通过班前/班后会的"调情"活动，如讲笑话、讲故事、唱歌、喊口号、做仪式等方式提升班组活力。

（2）班组集体活动

通过开展班组集体活动，如体育活动、娱乐活动、聚餐活动、拓展活动、郊游活动等，增强团队士气和活力。

二、轮值机制

俗话说，位置决定眼界。意思是，人所处的位置，影响他的思维和对事物的认知程度。把普通班组成员放在班组管理者的位置上，班组成员才会了解班组管理的繁杂性和重要性，才能提高认识、转变思想，对自身的责任和义务有更深入、透彻的认知。

轮值机制就起到了这样的作用。

1.轮值机制的管理学价值

轮值机制，即在一定周期内赋予员工特定的责任和权利，使其在相关岗位上承担责任、行使权利、履行义务。员工参与轮值管理，是全员管理思想的延伸和具体体现，也是现代企业管理中正在探索和实践的新型管理模式。

轮值机制是创造性体验和责任塑造最便捷、最高效的途径，同时体现了管理中的平等、透明与民主。轮值机制既能让轮值者在体验中获得经验和技能的提升，又实现了管理中的角色体验与换位思考，便于员工之间的相互理解、和谐氛围的营造。

2. 轮值机制的实践应用

（1）班会日常管理

班组的常规管理可以实行轮值，比如让每名班组成员轮流担任班会主持人、看板的负责人等。

（2）班组集体活动

班组的集体活动也可以实行轮值管理，比如体育活动、娱乐活动、聚餐活动、拓展活动等，让每名班组成员都可以参与到活动组织中来。

三、赛场机制

竞赛是企业管理中普遍应用的一种管理手段，一线班组为员工搭建赛场，在竞赛的过程中达成管理目标，同时在过程中锻炼人、培养人。

案例

当前，企业面临的普遍问题之一便是人才难求。A公司一分部的李经理就遇到了这样的难题：公司从德国引进了一条新的产品线，国外的设备已经准备到位，外方的技术指导人员承诺可以现场进行技术指导，但报给人力资源部门的新产品线配置人员的招聘却迟迟没有结果。

市场不等人，眼见着大好的市场机遇要白白错失，李经理果断决定，从下属其他产品线的现有人员中进行筛选。与其从外部招聘所谓的"熟手"来适应企业，不如让现有人员在新产品线上好好锻炼。经过权衡，李经理抽调了几名老生产线上经验丰富的员工，组成了两个攻关小组，在外方技术人员的指导下分别开展工作。一个月下来，外方技术指导对其中一个小组的工作称赞有加，认为其已经完全可以胜任新产品线的工作。

1. 赛场机制的管理学价值

赛场机制，通过搭建赛台和价值展现平台，以比赛和竞争的方式，实现对人的深度激活，并发掘人的内在潜能，激发人的工作热情和进取心，促进人的自我价值实现。

赛，一方面是"赛"的过程，另一方面是"练"的过程。"赛"提供了公平竞争、展示能力的机会，"练"提供了以赛代练、不断提升的平台。二者都是班组人才培养中不可或缺的环节。因此，赛场机制的本质不是为"赛"而"赛"，而是锻炼人、培育人、塑造人。

2. 赛场机制的实践应用

（1）岗位练兵

在班组内开展各种竞赛，如赛安全、赛生产、赛质量、赛创新、赛学习等，通过"赛"营造"比学赶帮超"的良性竞争环境。

（2）技术比武

在班组内开展各类岗位技术竞赛，赛技术、赛本领、赛内功、赛绝活等，不断提升班组成员的岗位技能。

四、链锁机制

班组如同一组齿轮，有一个齿轮出现问题，整个齿轮组都会受到影响。在班组里，一个环节出现问题，就会给整个班组带来想不到的后果。链锁机制就是为了避免出现这样的问题而提出的。"链锁"是一个形象的比喻。"链"，是链接，体现相互之间的关系；"锁"，是锁住，体现相互间关系的结果。

1. 链锁机制的管理学价值

链锁机制是一种落脚于班组安全管理的机制，推进"自保、互保、联保"三位一体的安全管理理念，具体指一人违章或发生安全事故，身边的人员共同承担责任，整个班组受损失。链锁机制的目的是进一步提高员工的安全意识，增强安全生产管理，积极消除各类安全隐患和"三违"[①]行为。

2. 链锁机制的实践应用

（1）"三违"责任共担

如班组成员出现"三违"，班组长、轮值班组长、同一作业区的工友共同承担连带责任。

（2）安全事故责任共担

班组成员发生安全事故，所有班组成员共同承担连带责任。

（3）危险作业监护

进行危险作业时，同一作业区的工友有安全监护的责任和义务。

---

① "三违"指生产作业中违章指挥、违章作业、违反工作纪律。

五、评议机制

西点军校的师生把某位军事大家的带兵之道总结成了四句话:"每天两三枪,每天两三弹,每天两三讲,每天两三议。"两三枪、两三弹强调的是练兵的过程,两三讲、两三议侧重的则是在评议中提升的过程。

1. 评议机制的管理学价值

评议机制就是团队之间相互学习,客观地评价成员,通过评价认知每个人的优势和劣势,继而强化优势,弥补能力缺陷。

评议机制不同于评价机制,更不同于考核机制,评议强调"议"的过程,是一个互为借鉴、双向互补的过程。"议"的过程等同于学后感、做后感,强调在"感"中评议双方都获得提升和融合。

企业管理中,运用评议能够起到两大作用:一是用评价来明晰每个人的成绩和价值,将评价作为激励的手段;二是用评议来促进团队之间的知识共享、思想融合。

2. 评议机制的实践应用

班组中应鼓励员工之间互相学习,通过一件事或一个案例进行分享评议,学习其中的经验,借鉴成功点,避免同样的错误;客观公正地评价团队成员做出的贡献,认可成员的优秀,吸纳别人的成功经验,充实自身;以评议学习处事的技巧与经验,以评议认可别人、激励自身。

六、荣誉机制

世界上很多国家都拥有成熟的国家荣誉体系，用以激励为国家作出重大贡献的人才，比如英法等国家设立的骑士荣誉勋章。我国也于2007年底提出建立国家荣誉制度和政府奖励制度的想法，并积极探索实施，并在此后的时间里设立了共和国勋章、友谊勋章等。

荣誉是人最高阶段的需求，也是激励的最高层次。国家荣誉机制的设立充分体现了荣誉机制在社会经济生活中所具有的重要意义。

1. 荣誉机制的管理学价值

每个人都具有对荣誉以及自我实现的渴求。荣誉机制的设立正是基于对人价值实现需求的研究和把握、对人心理动机的满足。荣誉不但是对获得荣誉者的肯定，而且是对更多人的影响和带动。一个许振超（青岛港务局职工）带动了一个班的人都成为"桥吊专家"，一个"英雄连"的荣誉称号培养了好几代人的模范作风。这正是荣誉所带来的影响力和价值。

荣誉机制不同于常规的激励机制。激励侧重于对个体的引导和触发，荣誉则侧重于对群体的感染和影响。同时，荣誉机制强调的是正向激励，而弱化负向的刺激。

2. 荣誉机制的实践应用

荣誉机制通常应用于优秀班组的评选、绝活员工荣誉称号的授予、以员工名字命名的创新技术成果等。

七、分享机制

希腊流传着这样一个故事：

在古希腊哲学家泰勒斯的众多学生中，有两个人特别有天分，很多人都认为他们会成为和泰勒斯一样伟大的学者。这两个学生中的一个，每天把自己关在屋子里，埋头研究学问；而另一个则习惯于和泰勒斯及众多学生聊天，每天会就一个话题侃侃而谈。很多人都认为这个只会聊天的学生是在浪费天分，如果不加努力将一事无成。然而，很多年之后，事实却恰恰相反，埋头苦学的学生只是成了一个普通的学者，喜欢攀谈聊天的学生竟然成了和泰勒斯同样知名的哲学家，这个人就是阿那克西曼德。

这个故事道出了交流与分享的价值所在。

那个闭门自守的学生所获得的仅仅是书本知识和自己的苦思冥想；而那个习惯与他人交流的学生，收获的则是每个人的知识和思想，在与人探讨、互动的过程中做到了融会贯通、博采众长。

分享机制是团队成员不停与环境互动、与他人互动的行动指导思想，是实现心理体验与行为体验双重升级的成功模式，是促进个人成长与团队发展的有效学习模式。

1. 分享机制的管理学价值

管理中分享机制的运用，便于分享者从体验性实践中实现心理和行动上的双重提升。

分享机制的实质是信息的传递和反馈,所以分享者既能够从反馈中获得自我的价值实现,又能够吸纳新知识、新思想,促进自己行为经验的历练。

基层班组成员之间的分享便于班组整体效能的提升、经验技能的迅速普及,是班组核心竞争力、绩效力的汇聚和传承。分享机制的运用更是全员参与、全方位管理、全过程控制的具体体现。

2.分享机制的实践应用

在基层班组建设当中,分享机制被普遍运用于班组人才建设和学习型组织建设当中。分享活动是提高班组成员知识、技能的卓越方法。班组内的学习分享、经验分享、技术分享等应该在工作现场即时开展,并定期开展互动学习和总结分享活动,为新知识、新技能、新动向的快速传播提供平台支持。

八、炼化机制

在我们的生活中,积分处处都在。在商场购物,消费会有积分;在游戏空间,获胜会有积分;在电商平台,评价会有积分。积分可以换购,积分可以兑现。在某些大城市,积分还可以落户。这些不同的应用场景,正体现出积分的意义和作用。炼化机制的核心正是将这种积分制的思路应用到班组日常管理中。

1. 炼化机制的管理学价值

炼化机制是以积分的形式重塑人的习惯，基于个人的成长、成就、影响力、成熟度而进行人性重塑、品格再造的系统工程。它基于个人日常工作和生活中价值不敏感、学习不敏感，促使人在每天、每件事中沉淀，化解日做而不知、日做而不思、日学而不进的问题，进而生成自驱动、自修复、自涌现的智慧力、行动力、品格力、习惯力，从而实现人性的再造。

2. 炼化机制的实践应用

炼化机制实践应用以积分为核心，在应用过程中，首先进行全员学习，统一认知，明确是什么、为什么。其次，根据实际工作要求，确定积分的范围及积分项。第三，搭建积分标准内容，细化积分的行为项及确定奖扣分值。第四，制定积分价值兑现内容及周期。第五，制定积分保障机制，确定积分实施及操作规范。第六，制定积分云平台内容及操作规范。最后，进入应用，保障全员参与执行，实行闭环管理。

以上八种管理机制，班组长要结合本班组的实际情况灵活运用。

第七章　班组机制建设——开启卓越班组的动力之门

第三节　管理机制在班组建设中的日常化运作

> 好的管理机制总能用最简单的方法解决管理中的难题。

如何有效地运用管理机制，使其最大化地发挥价值和功效，如何把看似高深的管理机制真正转化为班组内可执行、可操作的管理模式和方法，这是班组机制建设需要重点开展的工作。

某企业后勤服务公司管理着一家可容上千人同时就餐的职工餐厅，每天需要保障三千多名干部职工的饮食供应。长久以来，大家对餐厅的服务质量都不满意。后勤部门先后换了好几家餐饮承包商，都无法提高满意度，不是饭菜的口味一成不变，就是卫生情况难以达标。

有人提出了一个办法，就是把餐厅分成三个区域，同时在多个承包商之间招标，每年选中三家，共同为干部职工提供日常饮食。这个办法实施之后，大家的满意度果然提升了很多。大家惊喜地发现，三家小餐厅不仅在饭菜的品种上花样百出、不断创新，在饮食搭配和卫生状况上也大为改善。

案例中的企业正是通过引入竞争机制解决了长久以来的管理难题。

我们在班组建设的研究和实践中，总结出了一套行之有效的管理机制日常化运作工具和方法，即把管理机制的运用体现在班组日常的管理当中，结合班组管理的特性对管理机制进行二次设计，使其真正能够在基层建设中发挥功效。

下面将对日常化的运作工具和方法分别进行介绍。

一、班组轮值管理和岗位轮换制度

轮值管理是轮值机制在班组人才建设中的最好应用。轮值管理可以使班组每名成员都获得平等的机会，在管理者的角色和岗位上获得锻炼和提升。轮值管理模式的应用，为每个人搭建了一个展示才干的平台，便于优秀人才的培养和选拔。班组中轮岗活动类似于轮值，轮岗侧重于对人才的全方位的能力培养。

1. 轮值管理活动在班组中如何开展

在班组中开展轮值管理活动，可以依照如下几点进行。

第一，设立轮值管理制度，确定轮值管理的周期和轮值管理的岗位及工作职责。

第二，成立轮值管理委员会，明确参与轮值管理人员的角色和职责，如轮值班长、轮值安全员、轮值纪律监督员、轮值学习委员、轮值早晚例会主持人等。

第三，依照班组工作现状，确定本期轮值管理委员会的工作目标和具体任务。

第四，轮值管理人员各尽其责，每天完成管理日志。

第五，在轮值管理中，强调管理创新和管理改善，要不断发现问题、解决问题，完善现有的管理模式。

第六，每一期轮值管理委员会在轮值期结束后，要对当期轮值工作进行总结，对于未尽的工作与下届轮值管理委员会进行交接，确保其持续、有效。

第七，每个参与轮值的人员就本人的工作表现作出总结和评价。

2. 班组内轮岗活动要点

第一，设立轮岗制度，在班组内部组织开展岗位之间的互学互换活动。

第二，轮岗采用"1+1"互助模式，轮岗人员配备一名经验丰富的指导员，帮助解决轮岗中出现的问题。

第三，确保带着任务参与轮岗，在轮岗中明确要提升的能力和要达成的目标。

第四，轮岗期结束后，重点抓轮岗总结和收获，并在班组内部开展经验分享和交流活动。

二、每日工作汇报与绩效评价

基层班组应该注重工作计划和任务的管理，将工作目标分解到每一天、每个人的身上，利用班组的早晚会开展日工作计划的汇报和工作完成情况的总结。

以小组或者团队形式协作开展工作，以小组为单位进行汇报和评价，每日重点强调工作绩效，把赛场机制引入到每天的工作中，依照当日的工作士气和绩效对所有成员进行评价，并依照不同标准分为五个等级：优秀、较好、一般、较需要帮助和最需要帮助。

每日工作汇报和绩效评价的具体实施如下。

第一，早例会上，重点组织班组成员以个人或者工作团队为单位，汇报当日的工作目标和工作计划。

第二，晚例会上，结合当日目标的完成情况开展员工绩效评价，以团队评价的方法确立每一个人当日的评价结果。

第三，把评价的结果体现在管理看板上，起到明晰和督促的作用。

第四，评选出每日工作中涌现出来的标杆人物，并进行嘉许。

第五，对于每天绩效最差的员工，以组织游戏、表演节目等形式开展柔性的惩罚，以示督促。

三、班组精神家园建设

班组精神家园即班组的荣誉平台，是荣誉机制在班组建设中的重要体现。班组中每一个荣誉称号的授予只有及时地进行公示和传播，才能确保荣誉产生影响力和感召力。班组精神家园即对荣誉进行公开的宣传和报道，强化荣誉对团队的影响。

班组精神家园的设计及运作要点如下。

第一，确立班组内部的各项竞赛活动，明确竞赛的细节和评判标准。

第二，设计制作目视化的管理看板，对班组每一项竞赛活动进行全程的宣传和报道，打造影响力。

第三，在班组内部开展绝活员工的评选活动，授予荣誉称号，并在看板上开辟"绝活历练"专栏，对绝活养成的成功因素进行挖掘和分析。

第四，以周或者月为单位，进行各种优秀荣誉称号的评选，比如管理之星、绩效之星、执行之星、创新之星、质量之星、服务之星等，并在精神家园看板上进行事迹宣传。

第五，结合荣誉的授予，给予当事人一定的物质奖励。

四、每日一对标

每日一对标，即就当日的工作绩效与工作中的标杆进行对标，以确立差距，寻找自身可提升、可改善的地方。每日一对标重在对标杆的评价和反馈，是对评议机制的良好应用。评价的过程本身就是发现价值的过程，反馈的过程则是认同价值的过程。

每日一对标活动的具体开展如下。

第一，依照每日的工作表现评选出当日工作标杆。

第二，标杆的评选采用团队评价的形式，每个工作团队推选出一名标杆，团队的其他成员对于当选成员的工作表现进行评价，重点指出当选的理由和价值点。

第三，标杆的评选在管理看板上体现，团队成员设置简短评语。

第四，用评议实现对人的激励，促进团队中共同价值的形成。

五、案例讨论与定期分享

前面几章提到了案例管理法和"每日一案例"活动的开展，案例讨论的过程正是分享机制的体现。对于案例的讨论，要求全员参与，每名成员必须积极思考和参与分享，在分析的过程中进行思路的碰撞和观点的交汇。

班组内定期组织分享活动，应以团队学习的形式确立一名分享者，确定分享的主题，以互动形式展开。

六、班组目视化看板的建设和运用

班组目视化管理看板的应用正是透明机制的最好体现。班组管理中的大小事务及工作完成情况的反映都应及时在看板上公开，以确保管理透明、工作透明、问题透明和绩效透明。

七、合理化建议的征集

透明机制还应用在意见和建议的反馈上。班组内部设立意见箱，开展合理化建议的征集活动，由班组管理者定期对意见和建议进行汇总，定期召开沟通交流会，统一对意见和建议进行回馈，并对有价值的建议进行奖励。

总之，管理机制的作用再大，也只有运用于班组日常管理运作中，才能显现成效。

致　谢

归功于人

《打造最有战斗力班组》和《七种模式成就卓越班组》的出版与升级不仅仅凝结着三位作者的实践、经验、智慧与辛劳，更涵盖了一个团队共同创造的劳动价值与成果。对此，我们要感谢所有人的付出、努力、支持与贡献。

首先，我们要感谢八九点的每一位员工，因为八九点班组产品的研发和升级推广，都有他们的一份贡献。他们为八九点这一品牌贡献才智、挥洒热情，他们坚守理想、团结一致、风雨同舟，他们是陈薇、乔华、王瑜、王荻、杨金霞、任继芳、赵阳、彭述清、杨磊、张宏、姚桂枝、秦立华、孙语舍、陈一霄、王许、王伟中、郝迎春、李旋羽、史志刚、辛玉、郑红、曹晓辉、邓金泽、孙越、刘敏男……

进入新时代，八九点也开启了快速发展的新阶段，在服务中国几百家大型企业的实践过程中，我们完成了基层管理产品的结构化、系统化和层次化的升级，完成了班组建设的时代化、全面化和数字化的迭代，完成了微组织建设产品的构建，同时基于不同行业班组管理的需要，完成企业党建文化、本质安全建设、企业文化化育、标准化建设产品的建构与持续升级。

我们的服务进一步向纵深化、多元化发展——除了传统的咨询和培训服务之外，我们的班组建设系列书籍和最佳实践案例也将逐年出版；依托最佳实践案例的征集和发布，"中国班组建设卓越实践分享高峰论坛"也已经连续举办了20余届，每年发布班组建设白皮书和年度各行业班组建设最佳实践成果。经过持续的产品升级与研发，我们基于班组产品培训、催化、辅导、应用的产品日臻成熟。目前八九点已成为融合线上线下服务，集公开课、内训、咨询、催化、书籍、辅导、认证、测评、学习卡等多种形式为一体的综合服务提供商。

我们实现了一系列技术创新的研发与实践——将组织学习技术、精益改善技术和催化赋能技术整合到班组管理的日常实践中，形成"对标课、品标课、一小课"三位一体的组织驱动模式，确保班组管理夯基、文化建模。

我们推出了基于云时代的信息化学习产品——班组云App，将组织学习的模式、方法和工具植入到手机等移动终端，针对一线班组长和员工的胜任力建设，提供最实效的组织学习课程，并对学习效果进行管理，利用线上线下多种技术促进学习力提升与学习效果转化。班组云App针对班组长和普通员工的不同需求精准定位，内容丰富，界面友好，功能全面，操作简单，实用性强，管理、学习不受时间空间限制，充分实现了信息化与碎片化学习的融合，完成了定制化学习与基层管理提升的对接，是云计算、数字时代企业基层学习管理与能力建设的必备利器。目前，我们已与多家大型企业展开合作，有近万名班组长安装使用。在持续推进班组云App建设的同时，我们也基于人工智能、元宇宙、智能辅助等新技术，立足于新质生产力发展的要求，持续推进数字化产品的迭代升级。

其次，我们要感谢八九点的优秀客户以及每一位学员。客户的高标准、严要求，是激励我们持续改进、不断创新的原动力。企业、学员的问题和困惑，是我们求索创新的方向。学员来自实践的经验和智慧，是我们借鉴、学习并致力于传播的宝贵财富。"以客户为师、以学员为师"是八九点秉持不变的理念，感恩我们的客户以及每一位学员（不分先后）：海尔集团、青岛港务局、中国银行、中航、中粮集团、中钢集团、国投集团、首都机场、华北空管、西北空管、国网蒙东电力、中国移动、中国航天、大庆油田、中国石化、广州地铁、京港地铁、南京地铁、青海机场公司、内蒙古机场集团、江西机场集团、贵州民航集团、朔黄铁路、神东电力、国华电力、河北建投、国投京唐港、中泰化学、西安咸阳机场、重庆邮政、深圳燃气、新奥燃气、港华燃气、永煤集团、淮北矿业、华能扎煤、伊犁能源、蒙自矿冶、北仑发电、晋中供电、广东能源集团、国网甘肃电力、华能电力、国华电力、中国水电五局、安徽中烟、湖南中烟、陕西中烟、中海油、重庆鼎发、辽宁和运、中能硅业、南京红太阳、华粮物流、栾川钼业、西南油气田、河北电信、新疆联通、新疆移动、内蒙古移动、富士康集团、莱钢集团、通用汽车、吉利汽车、滨化集团、广投集团、白云机场、上海浦东机场公司、上海虹桥机场公司、国家电网、中国华电、国家能源集团、中国电科……

最后，我们要感谢八九点遍布全国各地的合作伙伴：中华全国总工会、国家发展改革委培训中心、国资委群工局、北京大学经济学院、北京大学光华管理学院、清华大学继续教育学院、聚成集团、影响力集团、北大纵横、时代光华……我们在合作中相互学习、共同成长。

路漫漫其修远兮，吾将上下而求索。愿所有仁人志士凝心聚力，共同以咨询培训的智慧和力量来夯实中国企业管理的根基，提升经济效益，助推中国企业的高质量发展！